未来の市民を育む

「公共」の授業

杉浦真理・菅澤康雄・斎藤一久 編

大月書店

未来の市民を育む

「公共」の授業

杉浦真理・菅澤康雄・斎藤一久 編

大月書店

はじめに

　2022年4月から高校の公民科で新科目「公共」が始まります。新しい科目の誕生は40年ぶりのことです。

　日本でも18歳選挙権が実現し，2022年4月からは成人年齢が18歳となります。そのため私たちは，「公共」での学びを通して，若者たちが未来の社会を担う主権者に育っていってほしいという願いをこめて，この本をまとめました。

　「公共」は高校1年か2年で学びます。学習指導要領と解説で概要は示されましたが，まだ教科書は発行されていません。そのため何をどのように教えたらよいのか，と不安に思う教員のみなさんも多いと思います。

　「公民」を専門とする教員が教えるとは限りません。地理や歴史を専門とする教員や，採用されて数年しかたっていない若い教員が教える可能性もあります。そのため本書は，「公民系」の科目を教えてきた教員はもちろん，地理・歴史の教員や若い教員むけに，「公共」を教えるうえでヒントになるような本をめざしました。これが，本書の特徴の一つ目です。

　これを達成するために本書は，すでに公表されている高等学校の学習指導要領と解説をふまえつつ章構成を考えました。

　第1章は，「『公共』の扉をひらく」です。公共の意味，民主主義，自由と権利など，「公共」を教え，学ぶうえで基本となる言葉を取り上げ，やさしく解説しました。

　第2章は，「自立した市民になるために」理解してほしい10のテーマを用意しました。「公共」の大項目Bに対応しますが，現在から未来の社会を考えるうえで大切だと思われる独自のテーマも入れました。

　第3章は，「持続可能な社会」をつくっていくために大事だと思う13のテーマを選びました。「公共」の大項目Cは持続可能な社会をつくる主体をめざして「課題探究学習」を行うことになっています。これら13テーマのなかから好きな学習方法や興味をもった探究課題を選んで，授業で取り組んでみるのもおもしろいでしょう。

　本書のもう一つの特徴は，高校生を含めた若い人たちと一緒に「公共」を学べるということです。そのため，「公共」という授業の魅力がLive感覚で伝わるように書きました（かなり苦労しましたし，成功しているか，ちょっと不安ですけれど）。本書で取り上げた内容は，自立した市民として生活するために大事なことや，知っていてほしいことばかりです。

　さて，主権者教育のかなめとなることが期待される「公共」ですが，その生い立ちを振り返ってみると，やや複雑な問題も見えてきます。「公共」は2010年に発表された，次の提言（自民党政策集Jファイル2010）がきっかけだったからです。「公共」に関係すると

ころだけ抜き出してみます。

　　　国旗・国歌を尊重し，わが国の将来を担う主権者を育成する教育を推進します。過激な性教育やジェンダーフリー教育，自虐史観偏向教育等は行わせません。道徳教育や市民教育，消費者教育等の推進を図るため，新科目「公共」を設置します。中学・高校でボランティア活動やインターンシップを必修化し，公共心や社会性を涵養（かんよう）します。農山漁村地域での体験学習等を推進します。

　提言には道徳教育を推進するために「公共」を設置しますと，理由が述べられています。これを読んだとき，「公共」が高校の「道徳科目」になる危険性を感じました。しかし，その後，中央教育審議会や教育課程部会，社会・地理歴史・公民ワーキンググループなどで話し合いがもたれ，現在公表されている内容となり，当初いだいた危機感とは異なるものとなりました（なお，「公共」と同じ改訂で，地理歴史科の必履修科目として「歴史総合」と「地理総合」が新設されました）。

　思い返せば，40年以上前，高校に新科目「現代社会」（今回の学習指導要領の改訂で廃止）が設置されたときにも，体制に順応する生徒を育てる「現代社会」，あるいは科学的系統的社会科を否定している「現代社会」などという大きな批判がありました。しかし，教員や研究者たちの工夫と改良によって，主権者を育てる主要な科目に成長しました。「現代社会」は大きく立派に育ったと思います。同じように，「公共」も教員と生徒たちの力を合わせれば，主権者としての知識と思考をつちかう科目に大きく成長させていくことができると私たちは確信しています。

　なお，本書は「平和で民主的な社会の主権者」の育成を目標に，実践と研究を行っている全国民主主義教育研究会（略称：全民研）に参加する教員のほか，大学で研究をすすめている教員の共同作業でつくりました。

　本書が，社会科や主権者教育にたずさわる教員をはじめ，これからの社会をつくる「未来の市民」たちに広く読まれることを願っています。

　最後に，執筆者をあたたかくサポートしてくださった大月書店の担当編集者である角田三佳さんに感謝を申しあげます。

2020年3月

菅澤康雄

第3章 持続可能な社会を主体的につくる

第1章

「公共」の扉をひらく

1 「公共」を考えるために

- -

キーワード　公共，国，NGO，人間の尊厳，道徳

- -

公共とは

　高校で学ぶ科目は，現代文，古典，コミュニケーション英語，数学Ⅰ，日本史，物理，体育などがあります。現代文や体育の定義は何かと問われたら，一言で答えるのは難しいですが，何らかのイメージはもっていると思います。それでは，新しい公民科の科目である「公共」を一言で表現してみてください。もしくは，どんなイメージをもっているでしょうか。

　——んんん……。

　なかなか難しいですね。このとらえどころのなさが，新しい学習指導要領がめざす「主体的・対話的で深い学び」かもしれません。
　それでは，「公共」の意味を辞書で調べてみましょうか。

　——「社会全体に関すること」と出てきます。類義語に「おおやけ」とあります。

　これでは同じ言葉を繰り返しているだけで，すぐにはピンとこないかもしれませんね。それでは少しイメージを喚起しておきたいと思います。「公共」という言葉から連想するのはどのような言葉でしょうか。

　——公共事業とか，国がやっていることです。

　みなさんの多くは，こんなイメージを抱いているのでしょうね。「公共」と言うと，「国がやっていること」であり，民間がやっていることではないという意味があるでしょう。それに加えて，国による強制というイメージもくっついているかもしれません。ひと昔前であれば，これが「公共」の定義でした。空港，高速道路，新幹線などの「公共」事業は，日本が発展し，国民の生活水準が向上するためには必要不可欠なものであり，道路をつくるときには「これは決まったことだから」と，強制的に立ち退きを迫られたりしました。

――公共の福祉とか，「みんな」って感じの意味もありますか。

　そうですね。二つ目として，「みんなのため」「みんなのもの」といった，すべての人たちに共通することという意味もあるでしょう。教育基本法で，教育の目標に掲げられている「公共の精神」の「公共」も同じ意味でしょう。公益の「公」も，これに近いですね。反対の意味は，私利，私益になるでしょうか。
　もう一つ重要な意味が「公共」にはありますが，わかりますか。

――んんん。わかりません。

　三つ目として，公立図書館や公園などの公共施設の「公共」で，誰に対しても開かれているという意味もあります。

――これって，「みんなのもの」という意味じゃないんですか。「みんなのもの」だから，
　　公園ではキャッチボールや花火禁止となっていたりすると思うのですが……。

　確かに「みんなのもの」という二つ目の意味もありますが，同時に「みんなに開かれている」という意味もあるのです。公園では，小さい子どもたちが遊ぶだけではなく，みなさんのような高校生がおしゃべり（デート⁉）していてもいいでしょう。大きな公園では，芝生で寝転んだり，マラソンをしてもよいでしょう。あまり経験はないかもしれませんが，デモ行進の集合場所になることもあります。公立図書館も，誰でも無料でアクセスできる公共施設であり，この意味の「公共」です。

――でも，ホームレスの人たちが公園で寝泊まりするのとかは，いくら「みんなに開か
　　れている」と言っても，「みんなのもの」として制限すべきでじゃないでしょうか。

　よく気がつきましたね。「公共」の意味については，三つあげてみましたが，それぞれが衝突することもあるのです。三つ目の「みんなに開かれている」と言っても，「みんなのもの」ですから，どこかで線引きをしなければなりません。
　しかし，ホームレスの人たちにも人間としての尊厳があることをふまえれば，行き場のない彼らを，はたして公園から締め出してもよいでしょうか。「みんなのもの」という名のもとに，人間の尊厳まで奪うことはあってはならないでしょう。それにそのくらいの懐の深さが「公共」にはあってもよいのではないでしょうか。
　また一つ目の「国がやっていること」の意味の「公共」が，本当に「みんなのため」かどうかも問われる時代になっています。たとえば沖縄の辺野古基地問題です。基地反対派の県知事が当選したにもかかわらず，また沖縄の県民投票で71％が反対だったにもかかわらず，国は基地建設をストップしていません。この問題で国がやっていることだから

100％「みんなのため」と思っている人は少ないでしょう。沖縄の民意も「みんな」を体現していますし，「みんな」を広げ，将来の世代や動植物などの視点からすれば，辺野古がサンゴ礁やジュゴンの生息地であることも無視できません。

このように現代的な意味での「公共」は複雑なので，専門家でも定義が難しく，これがズバリ「公共」というものは存在しません。ですから科目「公共」の学習全体を通して，さまざまな概念やケースを学び，そのなかで「公共」のイメージをつかみ取っていくしかないでしょう。

ところで，社会の未来像として，Society 5.0 が提唱されています。つまり「狩猟社会」（Society 1.0），「農耕社会」（Society 2.0），「工業社会」（Society 3.0），「情報社会」（Society 4.0）に続く，人類史上5番目の新しい社会として，今後，Society 5.0が出現すると言うのです。そこでは第4次産業革命によって，新しい価値やサービスが次々と創出され，人々に豊かさをもたらすとされています。具体的には，ドローン宅配，AI家電，介護ロボット，無人トラクター，バスの自動走行など，人々の働きをAIが代替していくという構想です。このような社会に向けた次世代型の教育は，いわゆる受験用の暗記型ではなく，「主体的・対話的で深い学び」と考えられています。科目「公共」こそ，AIには代替できない能力を養うための次世代の教育のかなめでしょうね。

ちなみに，これに対応する一つの策が，大学入学共通テストの国語，数学での記述式テストだったのですが……。

図表1　県民投票の結果を伝える速報

出所）沖縄タイムス社提供。

「公共」の担い手を通じて

──なんか「公共」はとらえどころがないですね。テストに出たら，答えられなさそう。

そうですね。たとえば私たちが住んでいる公共的な空間における公共の担い手について考えてみると，少しは「公共」とは何かがわかるかもしれません。

担い手になるのは誰だと思いますか。

——たとえば2020年7月から東京オリンピック・パラリンピックが開催されますが，その組織委員会はどうでしょうか。

　これも「公共」の担い手と言えるかもしれません。組織委員会は，「すべての人が自己ベストをめざし（全員が自己ベスト）」，「一人ひとりが互いを認め合い（多様性と調和）」，「そして，未来につなげよう（未来への継承）」という三つを大会の基本コンセプトとし，スポーツを通じて，世界と未来を変えようとしています。このような考えは，新しい「公共」の構想とも言えるでしょう。

　とりわけ「一人ひとりが互いを認め合い（多様性と調和）」には性的指向も含まれており，LGBT（レズビアン，ゲイ，バイセクシュアル，トランスジェンダー）の人たちにも開かれた大会にするという理念は，東京オリンピック・パラリンピックにより，今までにない「公共」が構想されていると位置づけられます。

　もっとも東京都が出資していたり，会長が森喜朗元首相ということを考えれば，「国がやっていること」に近い「公共」であり，典型的な「公共」の担い手とは言えません。

　そのほかには，どうでしょうか。

——ノーベル平和賞を受賞した国境なき医師団，核兵器廃絶国際キャンペーン（ICAN）もそうでしょうか。

　これらのNGO（非政府組織）ないしNPO（非営利組織）も担い手です。国から一定の距離をおくこれらの団体は，公共の担い手の典型とも言えるでしょう。国際人権NGOであるアムネスティ・インターナショナルも，世界のすべての人びとの人権が守られ，誰もが紛争や貧困，拷問，差別などの人権侵害で苦しむことのない世界の実現という「公共」をめざしています。アムネスティは，死刑廃止を訴えていますが，これは死刑を存置させている日本政府の立場とは反しています。非政府組織だからこそ担える「公共」なのです。

　さらに住民運動や市民運動も，「公共」の担い手になります。運動と言うと，政治的でネガティブなイメージがあるかもしれません。しかし，国会や地方議会には，国民や住民の声がきちんと反映されないこともあります。このような場合，国会や地方議会の外で，拾い上げられない声を広めていくことも，「公共」を問い直すうえで重要になります。

　国と民間団体の対立が，必ずしも「公共」の前提ではありません。子どものいじめ対応として，文部科学省は「24時間子どもSOSダイヤル」，法務省は「子どもの人権110番」を設置し，電話での相談体制を整えています。電話ではなかなか相談できない子どもたちに対して，NPOなどがLINEやチャットでも相談できるようにしています。これらは，ともに「公共」をめざし，協働している例と言ってもよいでしょう。

公 共 と 公 共 性

政治哲学などの学問では，「公共」ではなく，「公共性」という言葉をむしろ好んで使っています。先ほど説明したように，公共性について国家が独占している時代から，NPO，NGOなどが公共性を担う時代へ変わり，公共性も「国家的公共性」から「市民的公共性」に変化したと説明されます。また公共的な空間ではなく，「公共圏」という言葉をよく用いています。

 ——市民的公共性って，何か響きがいいですね。でも，市民運動などが「公共」の担い手と言われても，抗議とか，デモとか，やっぱり秩序を乱しているようで，何かいけない感じがします。それに日本政府の批判ばかりしている人たちを見ると，そんなに嫌いなら，日本から出ていけばいいじゃないかと思うのですが。

市民的公共性は，さまざまな挑戦を受けています。一つは，コミュニタリアニズムです。これは共同体主義とも言われますが，共同体の絆，つまり国を愛する心（愛国心），日本人ならば親孝行しようといった国民道徳を重視する考え方です。

部活の大会前に遅くまで練習しているときに，塾があるからと，帰ってしまうクラスメイトに腹が立ったりした経験はないでしょうか。今は，みんなで一致団結して，大会を勝ち抜かなければならないときなのに，と。コミュニタリアニズムの立場でも，個人主義はわがままだと見なし，愛国心といった絆により連帯すべきと説明されます。

さらにコミュニタリアニズムは，アメリカのトランプ大統領が語っているような，国を愛せない人はこの国から出て行けばいい，国の敵に対しては連帯して戦おうという主張に親和性をもっています。この立場は，私たちを「公共」とは逆の方向に導く危険性もあります。

公 共 的 な 空 間 を つ く る 私 た ち

私たちの住んでいる日本は，日本国憲法にもとづいて運営されています。そもそも憲法は，私たちが国家をつくりあげるうえでの合意，つまり社会契約であり，憲法には国家にやってほしいこと，やってほしくないことが書かれています。

やってほしくないことは私たちの権利や自由への侵害です。やってほしいことは，警察，教育，福祉などであり，具体的には国会や地方議会などの民主主義のプロセスで決定していきます。ですので，日本国という公共的な空間は，自由と民主主義が重要な要素となるのです。

このような空間をつくる私たちには，世の中の常識にとらわれず，物事を批判的に見る能力が必要とされます。それを鍛えるのが，科目「公共」です。

なお科目「公共」には道徳教育の要素もあるという指摘もありますが，愛国心や公共の精神といった道徳にかすめとられない，自由な批判精神がむしろ重要であることを最後に

指摘しておきたいと思います。

参考文献 --

齋藤純一『公共性』岩波書店，2000 年
斎藤一久編著『高校生のための選挙入門』三省堂，2016 年

（斎藤一久）

2 民主主義ってなんだろう？

キーワード　民主主義，立憲主義，国民主権，法の支配

民主主義とは

みなさんは，民主主義と聞いて，どんなことをイメージしますか。

──みんなで決めること。

そうですね。民主主義とは，英語のデモクラシーの訳<ruby>訳<rt>やく</rt></ruby>ですが，語源にさかのぼると，古いギリシャの言葉で人民を意味するデーモス（demos）と支配を意味するクラートス（kratos）を組み合わせた，人民の支配という言葉に由来します。

また民主主義と言えば，アメリカ大統領リンカーンの「人民の人民による人民のための政治」という有名な言葉もありますね。ですので，民主主義は，人々が政治を行うという考え方と理解できそうです。

ところで，民主主義の反対の言葉って何でしょうか。

──社会主義ですか？

それは，資本主義の反対語です。確かに社会主義国には，専制的な政治，独裁的な政治が行われ，民主主義の対局にあるようなイメージがあるかもしれません。でも，もともと社会主義は，お金持ちの資本家ではなく，労働者などの一般の人々のための平等な国をつくろうという話ですので，民主主義の一つの形態とも言えるんですよ。

そう考えると，民主主義の反対の言葉は専制，独裁，あるいは一人ひとりを大切にしないという意味で，全体主義と考えられますね。

民主主義のあり方と主体

一番手っ取り早い民主主義は，みんなで集まって話し合うことです。これを直接民主制と言います。もっとも現代社会において，全員が同じ日に集まって話し合ったりすることは難しいので，多くの国では間接民主制が採用されています。

間接民主制とは，代表を選んで，その代表に決めてもらうということですが，通常は国会などの議会を前提とするので，議会制民主主義とよばれたりもします。日本も，国会や地方議会があるので，議会制民主主義（間接民主制）です。

ただし，憲法改正の国民投票など，直接民主制的な制度も採用しています。

ところで，高校3年生も18歳になれば，選挙で投票できるようになりました。しかし投票率の低さが問題になっています。18歳の人たちの投票率って，どのくらいか知っていますか。

——50％ぐらいでしょうか。

それは18歳選挙権が実現した2016年の参議院選挙の投票率ぐらいです。2019年の参議院選挙では，全体の投票率が48.80％にもかかわらず18歳が34.68％，19歳が28.05％となってしまっています。

——そんなに低いんですね。そう言えば，クラスには中国人やブラジル人の子もいますが，彼ら，彼女らは選挙で投票できたりするのでしょうか。

図表1　国会議事堂

出所）筆者提供。

図表2　沖縄県議会議事堂

出所）筆者提供。

日本国憲法は国民主権を採用しています。これは自分たちの国の政治は自分たちで決めるということですので，一般の選挙の投票は日本国籍をもっている人に限られ，外国人は投票できません。しかし，市民として，ずっと住んでいる外国人にも選挙権を認めるべきではないかという議論はあります。とりわけ在日コリアンの人たちは，もう3世代，4世代になっていますし。

最高裁判所は，地方自治体の選挙で，定住外国人に選挙権を認めることは禁止されていないと判断していますが，まだ実現はしていません。

定住する外国人の人たちも日本社会を構成する市民であり，このような観点からすれば，選挙で排除されるべきではないでしょう。

民 主 主 義 の 限 界 —— 民 主 主 義 で 決 め ら れ な い こ と

——民主主義では，やはり数の力がものを言うのでしょうか。

　そうですね。民主主義は多数決で決める以上，多数をとったほうが勝ちます。しかし多数決で決めたからといって，少数の人たちを犠牲にしてよいわけではありません。多数決には限界があります。
　実は多数決によっても決めてはいけないことがあります。何か例を思いつきますか。

——……たとえば，……。う〜ん，そう言われてみるとなかなか思いつきません。

　憲法がヒントになります。
　たとえ多くの人たちの賛同を得たからといっても，憲法に規定されている個人の権利や自由を侵害することは原則として許されないのです。人々はそれぞれ人間として尊厳を有しており，多様な生き方や考え方は尊重されなければなりません。つまり自分にとって何が幸せか，どのような宗教を信じるか，どういった表現をするか，どういった仕事を選ぶかなどは個人で決定すべきことであり，多数派だからといって，これに介入したりすることはできないということです。
　一言で言えば，憲法は，人権，すなわち自由や権利という柵を設けて，多数派による支配から少数派を守っているのです。これは立憲主義，つまり国家権力は憲法によって拘束されるという考え方に由来します。

——これに似た考えで，以前，法の支配という言葉を習いました。

　法の支配とは，人による専制政治を排除して，国家権力を法で拘束することによって，国民の権利や自由を守るという理念であり，立憲主義と共通する考え方です。
　日本国憲法も，最高法規である憲法に人権のリストを定め，法律によって簡単に人権を奪えないようにし，また人権を侵害するような法律を無効とする違憲立法審査制があることから，法の支配を採用していると言われますね。

民 主 主 義 を も っ と 広 く —— 選 挙 以 外 の 政 治 参 加

——この前，沖縄県で，辺野古の新基地の埋め立てを問う住民投票をやっていましたが，これも選挙ですか。

　選挙のように投票しますが，ちょっと違います。住民投票とは，地方自治体が条例にも

とづき行うものです。一般の選挙と異なり，投票の結果が法的な拘束力をもちません。住民投票で原発誘致に対して NO という結果となっても，首長は原発を誘致することもできます。ただし，住民投票は，住民の声を聞くとても重要な制度です。拘束力がないこともあり，自治体によっては，中学生や外国人にも投票を認めているところもあります。

　選挙や住民投票以外にも，民主主義を実現する手法はさまざまありますが，何か思いつきますか。

　──ツイッターでつぶやくとか。

　そうですね。アメリカの大統領がツイッターを通じて，世論を動かす時代ですから。国側だけでなく，私たち市民も SNS を通じて発信することにより，世界中の人々に訴えることができます。

　そのほかにも，勉強会や反対集会を開催したりすることもできるでしょうし，デモや抗議活動などで政策に反対することも可能です。

　国の制度としても，さまざまなものがあります。憲法 16 条に定められている請願権にもとづき，国や自治体に政治に関する希望を述べることができます。また文部科学省などの役所が規則や命令をつくる際，広く人々から意見を募るパブリックコメントという制度も存在します。実は大学入学共通テストでも実施されていました。でも文部科学省のホームページでの意見公募ですので，よほど関心のある人じゃないと，意見を出せないのが実態かもしれません。

民主主義を充実させるために

　民主主義では，その前提として，さまざまな意見が反映されていることが重要です。憲法では，21 条で表現の自由を保障し，これを支えています。また民主主義の質をより高めるためには，熟議が必要だと言われています。つまり友達同士，また家族内など，親しい人たちの間で，ワイワイガヤガヤと政治についてさまざまな議論をすることが重要で，それが民主主義を豊かにするのです。

　みなさんは，自分の意見をしっかりもち，相手の意見もていねいに聞いているでしょうか。みなさんのたわいもない議論が，実は「公共」をつくる第一歩になっています。

参考文献 ---
　斎藤一久・堀口悟郎編『図録日本国憲法』弘文堂，2019 年
　文部省『民主主義──文部省著作教科書』径書房，1995 年

（安原陽平）

3 自由と権利を考える

キーワード　自由，権利，個人の尊重，公共の福祉，校則

なぜみんな同じ髪型に！？

さて，ここでは自由と権利について考えてみましょう。みなさんは「自分の自由や権利がおびやかされているなぁ」って感じることあります？

——ありません。

そうですよね。急に聞かれても，なかなか思い出せないかもしれません。でも，よく考えてみてください。本当にそうですか。たとえば高校生活で何か不自由なことはないでしょうか。

——うちの高校って校則が厳しくて，茶髪はもちろん，バイトも禁止なんです。この間も友達が髪をちょっと明るくしただけで，先生から「もとの黒髪に戻さないと校則違反で停学だ！」なんて怒られてて……。そんなのを見ると「自由じゃないなぁ」と感じます。

高校生のみなさんにとって一番身近な社会のルールって校則ですよね。公立・私立にかかわらず，日本の中学校や高校では髪型や服装，アルバイトなどに関する校則が定められているのが一般的です。

校則が生徒の自由を奪っているのではないか，という疑問の声は昔からあります。実際に裁判で争われた事例も数多くあります。

しかし，その一方で，昔よりも今の校則のほうが厳しくなったり，新たな指定がなされたり，指定が細かくなったりしている，とも言われています。たとえば髪型で，昔は長髪禁止でしたが，最近はカットに段差をつけるツーブロック禁止などがありますよね。昔は襟足が長いと怒られたのに，最近は襟足が短いと怒られると……メチャクチャですね。疑問の声もあがっているのに，こういった髪型を指定する校則って，なぜなくならないんだと思います？

——う～ん。高校生っぽさを守るとか，茶髪だと不良っぽいからとかでしょうか……。

なかなか鋭い答えです。1980年代の有名な裁判に「熊本丸刈り訴訟」という事件があ

ります。これは，熊本県のとある公立中学校で定められていた，男子は全員「丸刈り」という校則の是非が争われた裁判です。ちなみに，女子は「丸刈り」を強制されてはいません。この裁判で学校側は，男子丸刈り校則を制定している一つの理由として「非行化を早期に発見し予防する」こと，「中学生として望ましい頭髪を保たせる」ことをあげていました。

　ですので「不良になることを防ぐ」とか，「高校生っぽさ」を維持するといった目的が，髪型を指定する校則にはあるのかもしれません。

　——でも，黒髪が高校生らしいとか，茶髪が不良とかってちょっと古くないですか。

　そうですね。やはり憲法からすると，13条の個人の尊重が重要であり，自由・権利は保障されなければなりません。髪型は自由であっていいはずです。例外的に制限されることがあっても，ちゃんとした理由がなければならないでしょう。校則の例がそうですが，意外に理由があいまいなまま制限されていることが多いのです。

自由とは何か

　ところで「自由」ってなんだと思いますか。

　——自分の思うがままに，好きなことができるってことじゃないですか。

　　自由とは，他人を害しないすべてのことをなしうることにある。……

　これは，立憲主義の原点，1789年フランス人権宣言4条における「自由」の定義です。日本国憲法もたくさんの自由・権利を保障していますが，そのなかの「自由」も原則としてこの定義があてはまります。
　時々この定義から「他人を害しない」という部分をはずして，「自由は個人のワガママを意味するんだ！」と主張する人もいます。しかし，憲法が保障する自由はそんな粗雑なものではありません。
　というのも，憲法が保障する自由は，1人で無人島で暮らすことを想定した自由ではないからです。それは，みなさんが他人と「共生」することを前提とした自由です。それゆえ，「他人を害しない」ことが「自由」の前提条件としてつけられるのです。

　——なるほど。「自由」ってシンプルに「何をしてもよいこと」ではないんですね。

　極端な話になりますが「他人を殺す自由」や「他人を殴る自由」なんていうのは，憲法が保障する自由の観点からは導き出せません。

公共的な空間における「自由」

　私たちの公共的な空間で，他人と「共生」するためには，他人の自由を尊重することが必要な条件です。つまり，ある人に自由や権利が保障されている以上，その人は他人の自由や権利を認める必要もある。こういうことです。

　たとえば，日本国憲法20条が保障している「信教の自由」は，宗教を信じる／信じない自由を保障しています。AさんがA宗教を信仰しているとすると，共生が実現している民主主義社会では，たとえ社会の多数派が異なるB宗教を信じていたとしても，Aさんの信仰を間違っているとして捨てるように求めることはできないのです。

　──「自由」って，いろいろな責任もともなうんですね……。

　ここまでの話をふまえると，そう思うかもしれません。日本国憲法12条でも，自由や権利について「これを濫用してはならない」し，「常に公共の福祉のためにこれを利用する責任を負ふ」としています。

　──でも，他人のことばかり気にしていると，自由って，行使できなくなりませんか。

　そうなんです。あまり責任を意識してしまうと，自由は行使できません。ときには，相手には悪口に聞こえる表現でも，批判を恐れてはならない場合もあります。たとえば国会議員の悪行を告発し，批判する場合です。
　そう考えると，「自由には責任が伴う」というフレーズは絶対的なものではないのです。責任を強調しすぎると，結局のところ不自由な社会になってしまう危険性があります。自由を確保しつつ，その限界をどこにおくのか。公共的な空間のなかでどう自由を行使するか，これを理性的に考えることが重要なポイントです。

　──自由同士が衝突する場合は，どう調整するんですか。やはり「公共の福祉」の登場でしょうか。

　そうです。「公共の福祉」の出番です。「公共の福祉」というと，その字面から「全体の利益」とか「みんなの利益」のようなものととらえてしまい，「公共の福祉」が登場しただけで，自由は制限されるように思えるかもしれません。しかし，このような抽象的な概念で自由の規制が認められてしまうと，どんな規制をしても，OKになってしまいます。
　実は，「公共の福祉」とは，自由同士の調整を行う原理のことで，あくまで原理であり，実際には，「公共の福祉」にもとづき，具体的に自由同士をどう調整するか考えなければならないのです。

校則を例に考えてみる

では，次のような校則について，どのような自由の調整が可能か考えてみましょう。

第18条　本校では，茶髪は禁止する。違反した場合は，即刻退学とする。

まず考えたいのは，髪型を自分で決める自由が憲法で保障されているかどうかです。日本国憲法第3章でいろいろな自由や権利が保障されていますが，残念なことに「髪型を決める自由」は規定されていません。

──ってことは，そもそも権利や自由として，この問題を考えることができないってことでしょうか。

そうではありません。日本国憲法13条が保障する「幸福追求権」のもとで「髪型を決める自由」が保障されていると考えることができます。

この「幸福追求権」というのは，憲法で定められていない自由を含めることができる権利であり，時代の進展にともなって保障する必要性が出てきた新しい人権の基礎となる権利です。プライバシー権や環境権なんかも，この「幸福追求権」のもとで保障されると考えられています。

そして「髪型を決める自由」が憲法によって保障される自由・権利であるとしても，「公共の福祉」の一言で制限できるわけではありません。通常，規制する目的と規制の手段が妥当かどうかを考えます。

まず目的です。茶髪を禁止するのは，先ほども出てきた「高校生らしさの維持」でしょう。校則が高校という教育機関のルールであることをふまえると，教育・指導の一環として「高校生らしさの維持」を目的とすることが，きわめて不適切とは言えないでしょう。

次に規制の手段ですが，この校則では即刻退学となっています。

──即刻退学はひどいですね。

そうです。たとえ目的が適切であったとしても，その目的を達成するための手段がひどすぎる場合は，自由・権利の侵害と考えるのです。通常は，口頭による注意，停学などの手段があり，それで十分に目的を達成できるでしょうから，即刻退学というのは違憲ですね。

学校という公共的な空間を問い直してみよう

かつてアメリカの公立高校で，ベトナム戦争反対を訴える腕章をつけた生徒が停学になったことがあります。アメリカ憲法修正1条の保障する「表現の自由」侵害ではないかと裁判になりました（1969年ティンカー事件）。

このときアメリカ合衆国最高裁判所は「生徒や教師に校門に入ったら表現の自由を捨てろということはできない」と述べました。

日本の学校も，憲法上の自由や権利が尊重されるべき公共的な空間です。学校の校門をくぐった瞬間に，自由や権利がなくなるわけではありません。このような観点から，ぜひとも学校という身近な「公共」を，今一度，とらえ直してみてください。そして，理由もなく，みなさんの自由を制約するおかしなルールがあったら，それに対して積極的に異議を唱えていきましょう。それこそが「公共」の実践です。

図表1　アメリカ合衆国最高裁判所

出所）筆者提供。

参考文献 ---

斎藤一久編著『高校生のための憲法入門』三省堂，2016年

初宿正典・辻村みよ子編『新　解説世界憲法集（第4版）』三省堂，2017年

西原博史・斎藤一久編著『教職課程のための憲法入門（第2版）』弘文堂，2019年

（小池洋平）

自立した市民になるために

1 法の役割を理解し活用しよう

キーワード　法の役割，適正手続き，憲法，労働基準法，男女雇用機会均等法

法の役割とは何だろう？

みなさんは，法という言葉からどのようなイメージを連想しますか。

——犯罪をおかしたら警察に捕まったり，罰せられたりするとか……。

そうですね。刑罰を定めて，犯罪を予防したり処罰したりすることは，確かに法の重要な役割の一つです（刑事法）。制裁をもちいて社会秩序を維持することは，最も古くから法の基本的な役割として理解されてきました。

しかし，法の役割は，それだけではありません。社会のなかで基準とすべき指針や枠組みを提供し，人々の自主的な活動を予測可能で安全なものにして，それぞれの活動を促進するような機能も果たしています（民事法）。

例をあげてみましょう。私たちは，コンビニなどで商品を買いますね。これは，売買という経済活動ですが，法的に見ると「売買契約の履行」ということになります。購入したおにぎりをおいしく食べることができれば，法的に問題はないのですが，もしも消費期限を過ぎていたらどうでしょう？　交換してもらいたいですよね。こんなとき，売買契約にかかわる法があれば，その基準に従ってトラブルを解決することができるわけです。このように法は，売買などの取引や交渉に対して，さまざまな面から指針を提供し規制を加えることで，私たちの生活を支えているのです。

そのほかに，法はどのような役割を果たしているでしょうか。

——まだ，ほかにもあるんですか？

はい。法は，今見てきたように，権利・義務を明確にして，紛争を予防する役割だけでなく，権利の侵害などに備えて，紛争解決のための基準や手続きを整備しています（手続法・訴訟法）。ここで登場するのが裁判所です。裁判所は，法で定められた適正な手続きに従って，その紛争に裁定をくだします。つまり紛争が発生し，当事者では自主的に解決できない場合に，初めて裁判所の出番が訪れるわけです。

そのほかにも，法は，経済活動の規制や公共サービスの提供などの政策目標を達成するために，行政機関を規律しています（行政法・経済法・社会法）。これには，社会保障のように社会的・経済的弱者の保護や支援を行うことも含まれます。つまり法は，人々の自由

や平等をより実質的に保障する役割も担っているのです。

　みなさんは日常生活を営むうえで，法の存在を意識することはほとんどないかもしれません。しかし，私たちの生活は，これまで見てきたように，法のもつ多面的な機能によって支えられているのです。自由な活動が保障され，権利の侵害に対しては適正な手続きにもとづいてその救済を求めることができ，必要な公共サービスを受けたりできるのは，社会のベースに法があるからです。

憲 法 と 社 会 生 活

　それでは，具体的な事例をもとに法の役割について，より深く考えてみましょう。

　A社は，同じ入社試験を受けて採用した社員に対し同一の仕事を課している。ただし，男性は勤続年数によって自動的に昇進させているのに，女性には行ってこなかった。このため，同期入社にもかかわらず，男性社員の法太さんは部長となり，女性社員の律子さんは平社員のままであった。結果として，2人の年収には200万円もの格差が生じている。

※土田道夫「法と法学を考える」「雇用平等への関心」，土田道夫・高橋則夫・後藤巻則編『ブリッジブック　先端法学入門』信山社，2003年を参考に筆者が書き改めた。

　みなさんは，A社における男性と女性の昇進格差や賃金格差は差別だと思いますか。

　——明らかに女性差別でしょう。憲法でも男女差別を禁止していたと思います。

　いいところに気づきましたね。それは，日本国憲法14条です。みんなで読んでみましょう。

日本国憲法第14条　すべて国民は，法の下に平等であつて，人種，信条，性別，社会的身分又は門地により，政治的，経済的又は社会的関係において，差別されない。

　——憲法に「性別により……差別されない」と書いてあるんだから，裁判所に訴えて助けてもらえるんじゃないですか？

　鋭い指摘ですね。ところが，法律家は，「このままストレートに憲法14条を適用して差別を解消することは，難しい」と述べています。なぜなら，憲法は，「国や地方自治体といった公権力と国民との関係を規律する法規範であり，私人間の契約を直接規律しない」（土田，前掲論文）とされているからです。つまり，憲法は，国と国民との関係を定めた法規範ですから，私人同士の関係にあるA社と労働者の間に結ばれた契約内容に憲法14条を直接適用し，A社の賃金格差を違法とすることは難しいというわけです。

——えっ，そうなんですか？

　そこで，みなさんに注目してほしいのが法律の役割です。会社と労働者の雇用関係は労働契約によって成立しているのですが，現在では，時給100円で働くとか，労働時間を1日16時間にすることは認められていません。法律で労働条件の最低ラインを定め，労働者を保護するようになっているからです。賃金の最低水準については最低賃金法に定めがあります。

　では，労働時間や休日・休憩など最低限守られるべき労働条件を定めている法律を知っていますか。

　　——はい，労働基準法で〜す。

労働基準法と職場における男女差別

　そうですね。労働基準法は，労働者の労働条件の最低限度の内容を定めたものです。ですから，労働基準法を下回る労働条件などは，たとえ労働者がそれで納得して働いていたとしても無効となります。労働基準法は憲法の理念や価値にもとづいてつくられていますから，ここから問題解決の糸口を探してみましょう。律子さんの問題に関係ありそうな条文は，以下の二つです。読んでみてください。

労働基準法第3条　使用者は，労働者の国籍，信条又は社会的身分を理由として，賃金，労働時間その他の労働条件について，差別的取扱をしてはならない。

労働基準法第4条　使用者は，労働者が女性であることを理由として，賃金について，男性と差別的取扱いをしてはならない。

律子さんの賃金格差（差別）を救済できると思いますか。

　　——もちろん，そう思います。Ａ社の男女賃金格差はぜったいに労働基準法違反ですね。

　ところが，これも一筋縄ではいきません。まず3条は，国籍，信条または社会的身分を理由とした差別を禁止していますが，性別を理由とした差別的取扱いをしてはならないとは書いていません。

　では4条はどうでしょう？　賃金について男女差別を明文で禁止しているので，これが解決の決め手になりそうですよね。ところが，4条は，男女同一賃金の原則を基礎としているのですが，使用者がはじめから職務配置で男性と女性を分けていたり，職務内容の違いを理由として賃金に差をつけていたりしている場合，そして，律子さんのケースのように，昇進・昇格の違いによって賃金格差が生じる場合には，労働基準法違反だと断定することは難しいのです（西谷敏「男女雇用機会均等法の施行」『ジュリスト』900号，1988年）。つ

まり，法太さんと律子さんの賃金格差は，「女性であることを理由」とした差別ではなく，その地位や責任の違いにもとづく合理的な格差（昇進にもとづく賃金格差）だと見なされると，労働基準法だけを根拠に差別を是正できなくなってしまうのです。

ただし，それが合理的な格差か否かは裁判によっても見解が分かれるポイントになるでしょうね。

——じゃあ，もう救済の道はないのですか？

いえ，ここで簡単にあきらめてはいけません。もう少し広い視野から考えてみましょう。

日本では1960年頃から女性の職場進出が進みましたが，使用者は女性労働者を低賃金の補助的労働力と見なす傾向が強く，職場での女性差別は，募集・採用から配置，昇進，教育訓練，福利厚生，さらには退職・解雇に至る，あらゆるステージにわたって存在しました。

そのようななか，差別的な労働条件の改善を求める女性たちが少しずつ声をあげはじめました。裁判所に差別の解消を訴え，女性側が勝訴する事例が増えていったのです。

いくつか例をあげてみましょう。当時は女性が結婚すると退職しなければならない結婚退職制度が普通でした。これに対しては，1966年に住友セメント事件・東京地裁判決が，民法90条の公序良俗（公の秩序・善良の風俗）に違反し無効だという判断を示しました。また，出産を理由とする退職制度も，1971年に三井造船事件・大阪地裁判決で無効と宣言されました。女性の定年年齢を男性よりも5歳低く定めた就業規則が問題とされた日産自動車事件では，1981年に最高裁が憲法14条の趣旨をふまえ，性別による不合理な差別であり，民法90条の規定により違法・無効とする判断を示しました。

こうして，働く女性に対する差別のうち退職や解雇については，民法第90条違反で無効だという判断が裁判を通して確立されていきました。女性の権利が回復されていったこの経験は，日本の裁判史上最も注目すべき成果の一つです。

しかし，募集・採用や職務配置・昇進などに関する男女差別については，裁判でも救済できないままでした。待遇格差を禁止する法律がなかったからです。そのため，雇用における性差別の禁止を明記する法律の制定が，強く求められるようになりました。

条約が日本社会に与えたインパクト

この当時，国際社会も女性の地位向上，男女平等の実現に向けた取り組みを進めていました。とくに国連は，1975年の国際女性年を機に，1976〜85年を「国連女性の10年」に指定し，1979年にその成果の一つである女性差別撤廃条約を採択しました。日本政府は，翌1980年に同条約に署名し，「国連女性の10年」の最終年にあたる1985年までに批准できるよう国内法制の整備に取り組むことになりました。このような国内外の世論を背景に成立したのが男女雇用機会均等法でした（1985年）。日本国憲法に規定された男女

平等が，雇用の分野においてもようやく具体的な形で法制化されたわけです。

　ただし，男女雇用機会均等法は，定年・退職・解雇などで差別的取扱いを禁止する一方で，募集・採用・配置・昇進についての均等取扱いを事業主の努力義務とする（努力規定）など，弱点も持ち合わせていました。努力義務では，事業主に対する拘束力（こうそくりょく）がないのです。そのため，1997年に法改正が行われ，ようやく募集・採用・配置・昇進の待遇格差も明文で禁止されることになりました（禁止規定）。

図表1　男女雇用機会均等法の制定にかかわる国内外の動き

1975 年 6 月	メキシコで国際女性年世界会議
1976 年 1 月	「国連女性の 10 年」スタート
1979 年 12 月	国連で女性差別撤廃条約を採択
1980 年 7 月	政府が女性差別撤廃条約に署名
1981 年 3 月	最高裁が男女別定年制に無効の判決
1985 年 5 月	男女雇用機会均等法が成立
1985 年 6 月	国会で女性差別撤廃条約を承認

男女雇用機会均等法の社会的な役割

　では，ここであらためてA社の賃金格差の問題を考えてみましょう。律子さんの場合，男女間の昇進格差にともなう賃金格差が差別にあたるか否かが問われるケースです。改正された男女雇用機会均等法6条を読んで，律子さんが法的に救済されるのか考えてみましょう。

男女雇用機会均等法第6条　事業主は，次に掲げる事項について，労働者の性別を理由として，差別的取扱いをしてはならない。
　1　労働者の配置（業務の配分及び権限の付与を含む。），昇進，降格及び教育訓練

　――今度こそ，律子さんも裁判で勝てるはずでしょう？　男女雇用機会均等法違反は，明らかですもん。裁判に勝ったら，律子さんはどうなるんですか？

　裁判所が，男女雇用機会均等法6条にもとづいて，会社の措置（そち）を違法と判断したなら，過去の賃金差額分に対する損害賠償（そんがいばいしょう）が認められることになるでしょう。ただし，ここからさらに，あるべき昇格・昇進が認められるかについては，男女格差が著（いちじる）しい日本の現状から見ると，まだまだ難しそうです。

　そこで，参考になるのが，13人の女性社員が男女昇格差別の是正と差別賃金の支払いを求めて訴えた芝信用金庫の事件です。これに対しては，東京高裁が2000年に原告勝訴の判決をくだして，2002年に最高裁で和解が成立し，労働者側の勝利で解決したのです。

図表2　2002年，最高裁での勝利和解をうけて記者会見をする
　　　　芝信用金庫の原告団

出所）共同通信社提供。

　ただし，昇進や昇格は一般的に会社の裁量判断が広く認められる傾向にあるため，この点は，なお今後の課題だと言えます。

「自由で公正な社会」の実現と法の役割

　ここまで，法の役割と活用を中心に学んできました。その際，見落としてはならないのが，憲法の役割です。裁判所が民法90条を活用して女性の結婚退職制や若年定年制を違法とすることができたのは，日本国憲法14条（性別による差別の禁止）の規定を法解釈のなかに取り込んだからでした。また，法律が待遇格差を明文で禁止していない場合は，国会が新しく現行法の不備を補うような法律をつくり，労働条件を改善できることも学びました。そうしてできた男女雇用機会均等法は，その1条に「法の下の平等を保障する日本国憲法の理念」を引用しつつ，雇用における「男女の均等な機会及び待遇の確保を図る」と定めています。憲法の理念は立法活動に対しても大きな力を発揮しているのです。

　これまで，雇用における男女の差別を取り上げ，平等を実現するための法システムのしくみと，それが，どのように活用されてきたかを検討してきました。もし，法のシステムに限界があるならば，法を改正したり新しい法律をつくったりすることができるのです。その際，大切なのは，男女平等を求めて声をあげた女性たちがいたように，法システムにはどのような課題があるか考え，問題があれば，それをどのように改正すればよりよい社会が実現できるか意見表明をすることです。「自由で公正な社会」をつくるために，みんなで大いに議論し，学習を進めていってほしいと思います。

参考文献 --

田中成明「法の社会的役割と基本的価値の理解のために」大村敦志・土井真一編『法教育のめざすもの』商事法務，2009年

（吉田俊弘）

2 無関心ではいられない政治の話

キーワード　政治と私の関係，政治とは何か，民主政治，国民主権，選挙制度，
　　　　　　小選挙区比例代表並立制，権力分立，政治参加

政治と私は関係ない？

　さっそくですが，みなさんは政治と自分とは関係あると思いますか，それとも関係ない
と思いますか？

　——関係なくはないけれど，関係あるという感じもしません。

　そうかもしれませんね。でも，自分にはどんな願いや不満や要求があるか，それと政治
は関係するのか，と考えてみるとどうでしょうか。

　学校の成績をよくしたい，友達関係をよくしたい，こういう願いには政治は応えられま
せん。しかし，大学の授業料をもっと安くしてほしい，ローンのような奨学金ではなくて
給付型の奨学金にしてほしい，こういう願いは政治の力で実現可能です。

　2019年5月に大学等修学支援法が成立し，2020年度から入学金・授業料の減免と給
付型奨学金の支給が始まります。ただ，対象者の枠が非常に狭いのです。大学・短大・専
門学校に通う学生約350万人の12%，約42万人にしか恩恵が及びません。学生が安心
して学ぶことができるためには，もっともっと対象者の枠を広げていくことが必要ですね。

　——でも，国の財政は苦しいし，社会保障や防衛費にもお金がかかりそうだし，教育に
　　予算を使う余裕があるのですか？

　そこです。財政は税金の取り方と使い方の問題ですが，どのような人々からどれだけ税
金を取るか，そして，取った税金をどのような分野にどれだけ使うか，国民の間で要求や
利害は錯綜しています。その利害対立を調整するのが政治なのです。

政治とは何か

　ここで，あらためて政治とは何かという難しい問題を整理しておきましょう。「政治・
経済」教科書の次の記述が的確だと思います。

　　「社会の構成員としての個人や社会集団の間に，考え方や利害の対立が生じるこ
　　とがある。このような場合に，個人や社会集団における利害の調整や，紛争の解決

を図ることを，広い意味で政治という。」

　修学支援の話に戻ると，大学や専門学校で学ぶ費用は受益者負担・自己責任の原則で対応するべきだという考え方もあれば，学ぶことは国民の権利であり，学んだ成果はやがて社会に還元されるものだから，できるだけ公費でまかなうべきだという考え方もあります。国民の間で意見は分かれています。利害対立もあります。

　今回の大学等修学支援法で必要となる予算は約7600億円（全世帯の8割で大学等に進学した場合）とされています。しかし，すべての奨学金を無利子にするだけなら，約400億円で可能です。また，大学等の授業料をすべて半減するには，約1兆2900億円の予算が必要です。今回はごく一部の低所得者だけを対象にしていますが，対象者を広げる道もあるわけです。財源の問題でも意見は分かれます。今回は財源をすべて消費税率の引き上げでまかなうとしていますが，所得税や法人税の増税によることも可能です。ただし，法人税の引き上げには財界の強い反対があるでしょう。これらの意見対立・利害対立を調整するのが，まさに政治の役割なのです。

　──少しだけ，政治が身近なものに感じられるようになりました。でも，その利害対立
　　の調整がうまくいっているようには見えません。政治が国民の声に耳を傾けている
　　ようには思えないのです。

民 主 政 治 は 最 良 だ が 難 し い

　みなさんは，民主政治が人類の多年にわたる闘いによって勝ち取られてきたことを学んだと思います。民主政治とは何でしょうか。これは端的に言うと，国民が国民を統治することです。民主政治は国王や貴族による寡頭政治に比べれば，よりすぐれた政治の方式であることは疑いありません。しかし，民主政治が大変に難しい政治のあり方であることは理解しておくべきです。

　国民は一枚岩ではありません。国民の間で意見や利害が対立することは，先ほど見たとおりです。互いに利害の対立する国民を，選挙で勝利した一部の国民の代表（政党）が統治するのです。民主政治は，多数派による横暴という危険を常にはらむことになります。「利害対立の調整がうまくいかない」「政治が国民の声に耳を傾けない」というのは，その現れかもしれません。

国 民 主 権 は 実 現 し て い る か

　民主政治を支える最も重要な二つの原理があります。国民主権と権力分立です。まず，国民主権から見ていきましょう。

　国民主権とは，国の政治の決定権は国民がもち，政治は国民の意思にもとづいて行われるという原理です。政治は，国民の意思にもとづいて行われているでしょうか？

——うーん，あまり尊重されているようには思えません。

　そうですね。マスメディアは，その時々の国政上の重要問題について，世論調査の結果を発表しています。政府の進めようとする政策が世論の反対にあったとき，政府はどうするべきでしょうか。政府は国民にていねいに説明して，世論の同意を得るよう説得したり，その政策を国民の意思に近づけるように努めるべきですね。それが国民主権の原理です。
　現実はそうなっているでしょうか。実は，世論調査で反対多数なのに，政府が強行した法案や政策を列挙すると，近年だけでも**図表1**のようになります。

図表1　政府の強行した法案や政策（カッコのなかは朝日新聞世論調査の数字）

> 2013年　特定秘密保護法案（賛成30%：反対42%）
> 2014年　集団的自衛権行使容認（賛成28%：反対56%）
> 2015年　原発再稼働（賛成28%：反対56%）
> 　　　　安全保障関連法案（賛成30%：反対51%）
> 2016年　カジノ解禁推進法案（賛成27%：反対64%）
> 2017年　共謀罪法案（今国会成立に賛成18%：今国会成立に反対64%）
> 2018年　働き方改革一括法案（今国会成立に賛成20%：今国会成立に反対61%）
> 　　　　出入国管理法改正案（今国会成立に賛成22%：今国会成立に反対64%）

選挙制度を考える

　しかし，「その政府を選んだのは国民による選挙ではないか」という声が聞こえてきそうです。国民が主権を行使する最も重要な機会が選挙であることに，誰も異論がないでしょう。
　図表2を見てください。国民が国会議員を選挙し，その選挙で多数派となった政党が内閣をつくり，その内閣が裁判官を任命するという流れになっています。国民を統治する権力は，この流れでつくられます。国民が選出できるのは立法権のところだけです。選挙の重要性が理解できると思います。

図表2　権力のつくられ方

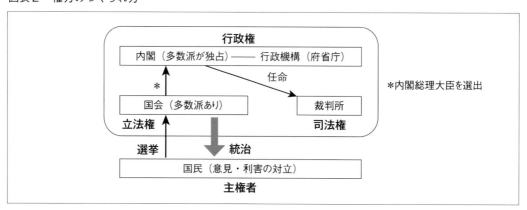

選挙制度については，これまでどんなことを勉強してきましたか？

——小選挙区制・大選挙区制・比例代表制の長所・短所を学びました。

そうですね。どの教科書でも，いろいろな選挙制度の長所と短所を比較して，どの選挙制度にも一長一短があるというまとめ方になっています。**図表3**にしてみました。

図表3　選挙制度の特徴

選挙制度	長　　所	短　　所
小選挙区制	二大政党の政権選択に適する	死票が多い，少数政党に不利
大選挙区制	少数政党も議席を確保できる	同じ政党内での争いも起こる
比例代表制	民意を議席に反映しやすい	小党分立になりやすい

このまとめ方が間違いというわけではありません。しかし，長所・短所だけでは，選挙制度の良し悪しを見分ける一番大切な基準を見落としがちです。一番大切な基準，それは「民意の反映」です。比例代表制を採用する国々が多いのも，この基準を重視するからです。
　一方で，「比例代表制は民意を反映し，小選挙区制は民意を集約する」と説明する学者もいます。しかし，「民意を集約する」とは，少数意見を切り捨てて相対的多数派を絶対的多数派に仕立てることです。選挙は，○か×かの二者択一を迫る国民投票ではありません。民意は多様であり，その多様な民意を国会の議席に反映するのが選挙の役割のはずです。小選挙区制は，決定的な欠点をかかえた選挙制度ということになります。

——ただ，衆議院の選挙制度は小選挙区比例代表並立制です。小選挙区制と比例代表制の長所・短所を補い合っているのではないですか？

確かに，そのように見えなくもありません。問題は，小選挙区制と比例代表制の議席配分です。現在，小選挙区制が289議席（約62%），比例代表制が176議席（約38%）です。圧倒的に小選挙区制が中心になっています。実際の選挙結果で確認してみましょう。
　2017年10月の衆議院選挙の結果を**図表4**にしました。比例代表制での得票率が，選挙の際の各政党の実際の支持率と見るのが普通です。自民党は，比例代表制の得票率が33%ですが，合計議席は284議席，全議席の61%を獲得しています。明らかに，「民意を集約する」小選挙区制の恩恵を一身に受けています。自民党以外の政党で，議席占有率が得票率を上回った政党はありません。比例代表制が小政党の生き残りを可能にしているのは事実ですが，小選挙区制の欠点を補う役割を果たしているとは，とうてい言えません。現行の小選挙区比例代表並立制が民意をゆがめる選挙制度であることは，否定しようがありません。

図表4　2017年10月の衆議院選挙の結果　　　　　　　　　　　　　　投票率53.68%

政党名	小選挙区制（289議席）			比例代表制（176議席）			合計（465議席）	
	得票率	議席数	議席占有率	得票率	議席数	議席占有率	合計議席数	議席占有率
自民党	48.2%	218	75.4%	33.3%	66	37.5%	284	61.1%
立憲民主党	8.8	18	6.2	19.9	37	21.0	55	11.8
希望の党	20.6	18	6.2	17.4	32	18.1	50	10.8
公明党	1.5	8	2.8	12.5	21	11.9	29	6.2
共産党	9.0	1	0.3	7.9	11	6.3	12	2.6
日本維新の会	3.2	3	1.0	6.1	8	4.5	11	2.4
社民党	1.2	1	0.3	1.7	1	0.6	2	0.4
その他	0.4	0	0	1.2	0	0	0	0
無所属	7.1	22	7.6	—	—	—	22	4.7

　　──では，どのような選挙制度に変えていったらよいのでしょうか？

　これは，ぜひ，みなさんに考えてほしいテーマです。比例代表制への変更もあり，中選挙区制（1選挙区から3～5名の議員を選出）の復活もあり，現行制度のまま小選挙区制と比例代表制の割合を逆転するという案もありです。

権力分立は実現しているか

　次に，民主政治を支えるもう一つの原理，権力分立について考えてみましょう。権力分立とは，権力を特定の勢力に独占させないように，権力を分割して，相互に抑制させるしくみを言います。多数派による横暴を防ぐための制度でもあります。三権分立が有名ですが，それだけではありません。立法権・行政権・司法権それぞれの内部でも，相互に抑制と均衡が働くことが期待されています。中央政府（国）と地方政府（地方公共団体）の間もそうです。

　ある意味では，非効率この上ないことです。独裁政治よりは「決められない政治」のほうがましだという発想です。この権力分立が現実に機能しているかを検討してみましょう。

　さて，三権のなかで最も強い力をもっているのはどれでしょうか？

　　──やはり，「国権の最高機関」（憲法41条）の国会だと思います。

　実は，「国権の最高機関」というのは政治的美称（リップサービスのようなもの）で，国会が内閣や裁判所より上位の機関という意味ではありません。憲法の条文に沿いながら，国会と内閣の関係を見ていきましょう。

　内閣は，国政の基本方針（経済財政運営と改革の基本方針，防衛計画の大綱，エネルギー基本計画など）を作成し，その方針にもとづいて法律案や予算案を作成します。その法律案や

予算案は，与党が多数をしめる国会ではほとんどの場合成立します。法律の内容を政令・省令・規則によって具体化して，それを日常的に執行するのも行政の権限です。衆議院に内閣不信任決議権があっても，与党が多数をしめるかぎり可決されることはありません。具体的に見ていけば，内閣の力が圧倒的に優位にあることがわかります。

　──だから，世論調査で反対多数の法案や政策でも次々に実施されてしまうのですね。

　残念ながら，そのとおりです。内閣の力が強すぎるというのは，逆に言うと国会の力が弱すぎるということです。国会は内閣の下請け機関になっているのではないか，近年はそんな批判さえ聞かれます。権力分立を機能させるカギは，国会にあります。与野党間の駆け引きや数の勝負によるのではなく，慎重で深い審議（熟議）を通して合意をつくりあげるのが，本来の国会の姿です。民主政治の難しさに挑戦する国会であってほしいですね。

政 治 参 加 は 選 挙 だ け で は な い

　国民主権も権力分立も，現実は厳しい状況にあることがわかります。しかし，民主政治は多数派の横暴を矯正（きょうせい）する機会を用意しています。一つは選挙ですが，選挙だけが国民の政治参加の機会ではありません。政治に問題があるならば，それに異議を申し立てるのは，国民の権利であり，責任でもあります。

　米国では，高校での銃乱射事件（2018年2月）で仲間を失った当時の生徒たちが，10年間で銃による死者を半減させることや，若者が投票しやすい選挙制度への移行などを柱とした政策提言を発表するといった行動を起こしています。日本でも，2015年には，安全保障法制（第2章3を参照）に反対する若者がSEALDs（シールズ）という組織をつくって運動を展開しました。個人参加，自分の言葉で語る，運動の見られ方にこだわる，日常生活と遊離しない，主権者意識を前面に出す──こういう新しい運動のスタイルは，社会に衝撃を与えました。最近では，民間英語試験を導入する強引な大学入試改革に，高校生たちが反対の声をあげています。

　「政治と私は関係ない，どうせ政治は変わらない」と私たちがあきらめているかぎり，政治がよくなることはありません。私たちには，賢い主権者になること，主権者として政治に関心をもちつづけること，政治に声をあげることが求められています。

参考文献 --

　スティーブン・レビツキー／ダニエル・ジブラット『民主主義の死に方』新潮社，2018年
　上脇博之『ここまできた小選挙区制の弊害』あけび書房，2018年

（桑山俊昭）

3 日本の平和主義のこれまでとこれから

キーワード　戦争の惨禍, 憲法の平和主義, 在日米軍と自衛隊, 日米安全保障条約,
　　　　　　米国の戦争と日本の協力, 解釈改憲, 集団的自衛権, 平和主義の課題

日本はなぜ平和主義に転換したのか

　まず, 図表1を見てください。長い戦争から生きて帰ってくることができた兵士たち
の喜びの笑顔です。戦争に負けたのに, なぜこんなに腹の底からの喜びにあふれているの
でしょうか。

　——死ななくてよかった。家に帰ることができる！　という気持ちでしょう。

図表1　品川駅に着いた復員列車の兵士

出所）林忠彦撮影「復員兵 品川駅 1946」

　敗戦は, 前線の兵士にとっても銃後の国民にとっ
ても, 軍国主義からの解放を意味したからです。
「戦争はこりごり, 平和こそが願い」というのは,
戦後の国民の共通の価値観になりました。軍国主義
から平和主義への転換は, 国民の思いとぴったり一
致していたのです。

　軍国主義から平和主義への転換は, 日本を占領し
統治したGHQ（連合国軍総司令部）の方針でもあり
ました。日本国憲法制定がGHQ主導のもとに進め
られたことは事実です。しかし, 重要なのは, 国民
主権も基本的人権の尊重も徹底した平和主義も, 当
時の国民の願いと一致していたことです。「政府の行為によって再び戦争の惨禍が起こる
ことのないようにする」（憲法前文）決意から, 戦後の平和主義は始まりました。

日本国憲法の平和主義って何？

　さて, では憲法の平和主義はどういう内容でしょうか？

　——学校で, 戦争放棄, 戦力不保持, 交戦権否認と習いました。

　そうですね。憲法の平和主義は前文と9条に文言があります。今でこそ9条をどう解釈
するか, いろいろな見解がありますが, 制定当時の解釈は明快でした。当時の吉田茂首相

は，憲法制定議会で次の答弁をしています。「戦争放棄に関する本案の規定は，直接には自衛権を否定しておりませぬが，第9条2項において一切の軍備と国の交戦権を認めない結果，自衛権の発動としての戦争も，また交戦権も放棄したものであります」（1946年6月26日）。9条全体としては，いっさいの戦争と軍備と交戦権を否認している。これが政府の当初の解釈であり，この解釈は今でも憲法学界の通説です。武力によって争いごとを解決しない，戦争の手段になるような戦力をもたない。これが日本の平和主義の理念です。

なぜ日本に二つの「戦力」が存在するの？

——でも，日本には自衛隊があるし，沖縄には米軍基地があります。

　実は，戦後まもなく，米国の日本占領政策が転換するのです。中国の内戦で共産党軍が勝利して，1949年に中華人民共和国が成立したことが決定的な転機になります。ソ連をはじめとした社会主義陣営に対抗するために，米国は日本に軍隊を駐留させるだけでなく，日本の再軍備にも乗り出すことになるのです。1950年に朝鮮戦争が勃発すると，GHQは米軍基地を防衛するために警察予備隊の設置を日本政府に指令します。この警察予備隊が1952年に保安隊になり，1954年に現在の自衛隊が誕生します。自衛隊が米国の指示で誕生し，米軍の補助的役割を任務にしていたことは，自衛隊の性格を考えるうえで重要です。

　米軍は，最初は占領軍として日本に駐留していました。1951年のサンフランシスコ講和条約で日本が独立すると，今度は日米安全保障条約（安保条約）のもとで駐留を継続します。1945年の敗戦から今日まで，米軍の駐留は続いているわけです。

米軍は何のために日本にいるの？

——独立したのになぜ米軍は日本にいるのですか？

　鋭い質問ですね。これについては，三つの説があります。①日本を外国の侵略から守るため，②日本を監視して反抗を抑えるため，③米国の軍事行動の拠点として利用するため，この三つです。①が通説ですが，②と③にもけっこう説得力があり，駐留目的は一つではないかもしれません。

　ここで，日米安保条約の内容を見ておきましょう。旧安保条約（1951年締結）は日本の米軍への基地提供だけが内容でしたが，現在の安保条約（1960年締結）には，米軍への基地提供（6条）のほかに，日本の防衛力整備義務（3条），日本が攻撃された場合（米軍基地への攻撃を含む）の日米共同行動（5条）の取り決めがあります。米軍への基地提供は，

「日本国の安全に寄与し，並びに極東における国際の平和及び安全の維持に寄与するため」とされています。5条・6条が①説の根拠になっているわけです。

　ただし，米国が軍隊を駐留させる理由が，日本の防衛にあるという点には疑問も残ります。なぜなら，次のような米国側の機密文書も発見されているからです。「在日米軍は，日本本土を防衛するために日本に駐留しているわけではなく，韓国，台湾，および東南アジアの戦略的防衛のために駐留している。米軍基地はほとんどすべてが米軍の兵站（へいたん）の目的のためにあり，戦略的な広い意味においてのみ日本防衛に努める」（春名幹男『仮面の日米同盟』）。「戦略的な広い意味においてのみ」とは，米国の国益に合致する場合にだけ，日本防衛の行動をとるという意味です。

米 国 の 戦 争 と 日 本 の 協 力

　③説についても検討してみましょう。米国は第二次世界大戦のあとも各地で戦争を引き起こしてきましたが，アジアでの米国の戦争に日本は協力してきました。

　朝鮮戦争（1950〜53年），ベトナム戦争（1960〜75年），湾岸戦争（1991年），アフガニスタン戦争（2001年〜），イラク戦争（2003〜11年）に，日本はどんな協力をしてきたでしょうか。

　図表2を見てください。在日米軍基地が米軍の訓練や出撃の拠点になったり，自衛隊が海外で米軍の後方支援にあたってきたことがわかります。自衛隊が戦闘地域で後方支援をしたり，海外で直接戦闘に参加することは，これまでのところ起きていません。

図表2　米国の戦争と日本の協力

	基地提供・訓練・出撃拠点	海外で自衛隊が後方支援	前線で自衛隊が戦闘に参加
朝鮮戦争	○	自衛隊なし	自衛隊なし
ベトナム戦争	○	×	×
湾岸戦争	○	×（戦後，掃海艇（そうかいてい）を派遣）	×
アフガニスタン戦争	○	○（インド洋で米艦に給油）	×
イラク戦争	○	○（米兵や物資を輸送）	×

自 衛 隊 は ど ん な 活 動 を し て き た の ？

　――自衛隊の任務は，日本の防衛ではないのですか？

　自衛隊は1954年の誕生以来，防衛力を増強するとともに，活動分野を拡大してきました。国民にとって一番身近なのは，災害救援に活躍する自衛隊の姿です。しかし，災害派遣は自衛隊の主要な任務ではありません。自衛隊法のうえで主要な任務は，防衛出動と治安出動（国内での暴動や反政府活動の鎮圧）であり，近年は各種の海外出動が追加されてき

ました。いまや日本の防衛だけが自衛隊の主要任務ではないのです。米軍への後方支援や
PKO（国連平和維持活動，紛争防止・停戦監視・治安維持などにあたる）参加などは，この海外
出動として実施されてきました。2011年には，アフリカのジブチ共和国に初の海外基地
をもつまでになっています。

政府はどう説明してきたのか

　ここまで，憲法の平和主義の理念，米軍と自衛隊という二つの「戦力」の存在，米国の
戦争への日本の協力，自衛隊の増強と海外派遣について述べてきました。日本の現実が，
憲法9条の規定からどんどんかけ離れてきたようにも見えます。その現実の変化が，主と
して米国政府の要求に日本政府が従う形で起きてきたこともわかります。この事態の変化
に，日本の政府はどのような説明をしてきたのでしょうか。その経過を**図表3**にまとめま
した。￣￣￣のなかに記したのが，その時々の政府の説明です。

図表3　現実の変化と日本政府の説明

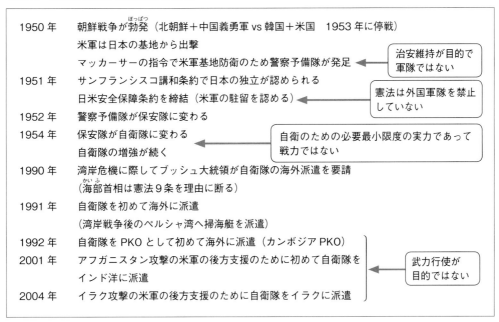

　在日米軍については「憲法は外国軍隊を禁止していない」，自衛隊については「自衛の
ための必要最小限度の実力であって戦力ではない」，自衛隊の海外派遣については「武力
行使が目的ではない」と説明しています。みなさんは，この説明をどう思いますか。

　憲法制定議会での吉田首相の答弁が憲法9条の本来の解釈だとすれば，明らかに解釈を
変更しています。憲法の条文に手をつけないで，憲法の解釈だけを変更することを解釈改
憲と言います。この解釈改憲によって，9条は無力なものになったという見方もありま
す。しかし，現実を変化させるときに，政府がそのつど説明を迫られるのは，憲法の規範
力が効いているからだとも言えます。9条の解釈改憲には限界がある，という見方もでき

ます。現に政府は，長い間，武力行使を目的とした自衛隊海外派遣はできない，集団的自衛権の行使はできない，と説明してきました。

憲法9条のもとで集団的自衛権は可能？

——でも，集団的自衛権もOKになったんですよね？

そうです。2014年7月に，安倍晋三内閣が憲法解釈を変更し，集団的自衛権の行使を認めたのです。このときには，日本中が大騒ぎになりました。

自国が外国から武力攻撃を受けたときに反撃できるのが，個別的自衛権です。集団的自衛権とは，自国の同盟国が攻撃されたとき，自国が攻撃されていないのに，同盟国を攻撃した相手国を攻撃できるというものです。自国が攻撃されていないのですから，厳密には自衛権と言えるかは疑問ですが，1945年の国際連合憲章に初めて盛り込まれました。

それまでの政府解釈は，憲法9条のもとでも個別的自衛権の行使は可能だが，集団的自衛権の行使は不可能というものでした。その解釈を，安倍内閣は一変したわけです。集団的自衛権の行使には，「わが国の存立が脅かされ，国民の生命，自由及び幸福追求の権利が根底から覆される明白な危険がある場合」という条件がついています。ただ，そのときの事態がこの条件に適合するかどうかは，政府の判断にゆだねられます。米国の始めた戦争に日本が参戦することになるのではないかと，国民の不安と不信が高まりました。

——私も，自衛隊に海外で戦争してほしくはありません。日本を攻撃から守るだけなら賛成ですが。

そうですね。今のあなたの意見が，国民世論の大勢のような気がします。安倍内閣は専守防衛の一線を越えようとしているのではないかというのが，国民の不安と不信の中身でした。

2015年にはさらに，安全保障関連法案を国会に提出し，野党と多くの国民の反対の声を押し切って，この法案を成立させました（安保法制）。安保法制のおもな内容は，次のとおりです。

①米国を支援するため，条件つきで集団的自衛権を行使できること。

②米国の軍事行動に，現に戦闘が行われていなければ，自衛隊は武器の輸送や弾薬の供給などの後方支援ができること。

③PKOでの自衛隊の任務に，駆けつけ警護や治安維持が加わり，任務遂行のための武器使用も可能となること。

いずれの場合も，自衛隊の海外での武力行使の可能性が広がる内容です。安倍首相は，安保法制が必要な理由に，北朝鮮や中国の脅威をあげます。しかし，①②③とも自衛隊の派遣先に地域的な限定はなく，①②では米軍の戦争する地域が自衛隊の派遣先になりま

す。北朝鮮や中国の脅威を理由にすることには，あまり説得力がありません。

日本の平和主義のこれからは？

　第二次世界大戦の終結から70余年，この間に，ほとんどの国が何らかの戦争に参加しています。日本は，米国の戦争に協力はしてきましたが，幸いなことに，一度も戦争の当事国になることはありませんでした。

　この間の日本の平和が，憲法の平和主義によるものか，米軍と自衛隊の力によるものかは，論証が難しい問題です。しかし，いずれにしても，「政府の行為によって再び戦争の惨禍が起こることのないようにすること」は，私たちの責務です。最後に，日本の平和主義のこれからの課題について考えてみましょう。

　まず問われるのは，米国との関係のあり方です。同じ敗戦国ドイツと比較して，日本がいまだに米国への従属関係から脱却していないのではないかと，よく指摘されます。米国は，紛争を武力で解決することも辞さない国です。日本の平和主義の理念とは一致しないところがあります。米国の戦争にどこまで協力するのか，協力しないのか，米国との関係のあり方は，ますます大きな課題です。

　次に，日本の平和と安全を保持するためには，東北アジアの緊張緩和（かんわ）が欠かせません。現在は，中国・北朝鮮・韓国・日本・ロシア・米国などの関係国が，それぞれに緊張深化の要因をつくっているような状況にあります。残念ながら，平和主義を掲げる日本が，これまで緊張緩和の役割を果たすことはありませんでした。日本がこの地域の緊張緩和の先頭に立ち，平和主義にもとづく外交のあり方を探究していくことも課題です。

　さらに，自衛隊の今後のあり方が問われます。安倍首相が先導する憲法9条改定案は，自衛隊を憲法に明記するものです。現在，憲法に明記されている国家機関は，国会・内閣・裁判所・会計検査院の四つだけです。憲法に明記されれば，自衛隊の権威は別格のものになります。安保法制では条件つきだった集団的自衛権の行使も，無条件になるかもしれません。防衛予算の飛躍的膨張（ぼうちょう）も予想されます。深刻な財政危機のなかで，防衛費の伸びが社会保障費や教育費を圧迫することになるでしょう。このような財政のあり方が，平和主義の国の財政としてふさわしいかも問われるのです。

　どれも，とても難しい問題ですが，戦争のない平和な世界を築いていくために，考え，意見を表明していってほしいと思います。日本の平和主義がどのような未来を切り拓くかは，私たちの取り組みにかかっているのです。

参考文献 --

　渡辺治『戦後史のなかの安倍改憲』新日本出版社，2018年
　伊藤真・神原元・布施祐仁『9条の挑戦』大月書店，2018年

（桑山俊昭）

4 知っておきたい経済のしくみ

キーワード　市場(しじょう)経済，景気，政府のはたらき，効率と公平，新自由主義，金融，投資，
投機(とうき)，経済のグローバル化

　私たちは日々，たくさんのモノやサービスを購入して生活しています。仮に，それらを
お金を出して買うのではなくて，すべて自分自身でつくりださなくてはならないとした
ら，どうですか？

　——スマホはもちろんつくれないし，食事も材料から考えたらほとんどつくれない。ほ
　ぼ無理です！

　そうですよね。今日の私たちの生活は，必要なモノやサービスを自給自足するのではな
く，社会全体で分業してつくりだすことで成り立っているわけです。社会全体でモノや
サービスを生産し，それを売買して分け，消費する，この一連の流れを経済と言います。
　私たちが，働いてお金を得ることも，そのお金で必要なものを購入することも，この経
済の大きな流れのなかで行われています。経済の流れがよくなることで暮らし向きがよく
なることもあれば，経済の流れがうまくいかなくなって生活に悪影響が及ぶこともありま
す。経済の大きな流れのなかで，私たち一人ひとりがどのように働き，どのようにお金を
使っていけばよいのかを知るためにも，また，私たちの手でこの経済の流れ自体をよりよ
いものにしていくためにも，経済のしくみを学んでみましょう。

市場経済というしくみ
　今日多くの社会で経済の流れを形づくっている最も基本的なしくみは「市場経済」とよ
ばれるものです。市場経済の「市場」という字は「しじょう」と読む約束事になってお
り，「シジョウケイザイ」と言うと，なんだか難しそうに聞こえます。でも「市場」は，
もとは「いちば」のことであり，決して難しい言葉ではありません。「いちば」とはどう
いうところでしょうか？

　——ものを売り買いするところ。

　そうですね。ただし，1軒1軒のお店は「いちば」とは言いません。「いちば」とは，
たくさんの売り手と，たくさんの買い手が自由に商品を売り買いする場です。これと同様

に，社会全体で，多数の買い手と多数の売り手がさまざまなものを自由に売買することで，経済の流れを生みだすしくみが「市場経済」なのです。経済とは，社会全体でモノを生産し，分け，消費する流れだと説明しました。この一連の流れを最も効率よく行うしくみが，市場経済だとされています。

　　——効率よくって，どういうことですか？

　多くの売り手と多くの買い手が自由に売買する市場では，商品の価格をめぐって競争が起こります。同じ商品であれば，買い手はより安いものを買おうとしますから，売り手はより安く，より質がいいもの（質の割には安いということですね）を提供しようと競争します（図表1）。売り手がつける価格は，その生産にかかった原材料や労働力などの費用によって決まります。市場経済では，企業は原材料や労働力などを節約して生産することを求められるのです。

　他方で，原材料や労働力など限りある資源をめぐっては，買い手側がより高い代金を払って，それらを手に入れる競争をしなくて

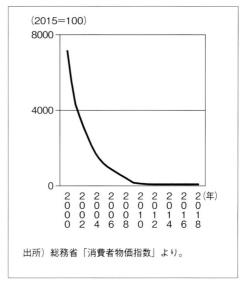

図表1　ノートパソコンの価格推移

(2015=100)

出所）総務省「消費者物価指数」より。

はならない場合もあります。その場合には，同じ資源から，より価値のあるものを生みだし，それによってより多くのもうけを得ることのできる企業が競争に勝つことになります。それは，有限な資源が，その時々の社会でより必要とされるものの生産に割り当てられることを意味します。

　このように市場経済においては，それぞれの企業がより少ない資源でより価値のあるものを生産することを強いられます。そのなかで，企業がさまざまな創意工夫をすることで，新しい商品や技術も生みだされていくことになります。

　ところで，企業が生みだすものに価値があるかどうかを判断するのは誰でしょうか？

　　——企業の社長とか？

　そうではありません。それは，企業が生産した商品を購入する私たち，一人ひとりの消費者です。私たちが何かを買うとき，私たちはその商品に値段分の価値があると考えて買っているわけです。ジャーナリストの池上彰さんは，私たちが商品を買うことは，社会の資源を使ってその商品を生産することに1票を投じることだと言っています。経済の流れの中身を決めているのは，私たち一人ひとりだということです。現代では，企業の側が

広告などを使ってさかんに私たちに何かを買うことをうながしてきます。でも，買うかどうかを最終的に判断するのは私たち自身。1票を投じるのかと思うと，私たちが買う商品が，どのように生産されたのか詳しく知りたくなってきませんか。

市 場 経 済 だ か ら 生 じ る 景 気 の 移 り 変 わ り

　市場経済では，多くの買い手と多くの売り手が，それぞれ別々に考えて行動します。そのため，社会全体で合計して，たくさんのモノが生産され消費されるときもあれば，あまり生産されず消費もされないときもあります。前者が景気のいい状態（好景気），後者が景気の悪い状態（不景気）です。それぞれの状態では経済の流れにどのようなことが起きているのでしょうか。

　景気の悪い状態から考えてみましょう。不景気は，社会全体でモノがあまり売れないために生産が少なくなり，生産が少ないために消費も少ないという悪循環が起きている状態です。多く生産しすぎて売れ残りが生じることは企業にとって損になりますから，モノがあまり売れない状態では生産も少なくなるというのは理解しやすいですね。では，生産が少ないから消費が少なくなるのはなぜでしょうか？

　　——う～ん……。あ，わかった。生産が減ると，その売り上げが減って，それをつくっている人の収入が減るから……。

　そうですね。生産が少なくなると，その分，生産のために必要な労働者は少なくなります。そのため，企業は，労働者を働かせる時間を少なくしたり，労働者を解雇したりします。企業自体が売り上げ減少のために倒産して，多くの労働者が失業することもあります。働いて十分な収入を手にできる人が少なくなる分，人々がモノを消費する量が少なくなるわけです。十分な収入が得られないために生活に必要な消費ができないというのは，たいへん苦しい状況です。

　反対に，好景気では，モノがよく売れるため，企業がそれに合わせて多く生産します。そして，生産がさかんになるのに合わせて，多くの人が雇われたり，給料が多く払われたりすることで，人々の収入が増え，消費も多くなるという好循環が生じるのです。もっとも，好景気が行きすぎる

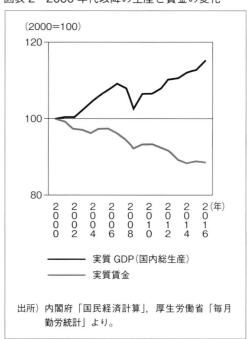

図表2　2000年代以降の生産と賃金の変化

（2000＝100）

出所）内閣府「国民経済計算」，厚生労働省「毎月勤労統計」より。

と，働く人の残業が増えたり，生産にともなう環境への悪影響が増えたりといった問題も起こりえます。生産と消費さえ多ければ，生活が豊かであるとは限らないわけですね。

　ところで，2000年代以降の日本では，海外への輸出が増えるなどして生産が増え，その点では景気がいいと言える時期が長く続きました。ところが，**図表2**を見てもわかるように，この間の景気のよさは人々の収入の増加に結びつかなくなっています。いったい何が起きているのでしょうか，調べてみてください。

経済のなかでの政府のはたらき

　市場経済は，効率的な経済の流れを生みだすしくみだと話しました。他方で，市場経済は，景気の変化を含め，さまざまな問題も生みだします。それらに対処することで，私たちの経済の流れを，私たちにとってよりよいものにしようとしているのが政府のはたらきです。

　──具体的には，どんなことをしているのですか？

　まず，市場経済では，自由な競争の結果，よりよい仕事を手にした人とそうでなかった人との間で貧富の差が広がりがちです。障害などで働くことができなかったり，不景気のせいで仕事を失ってしまったりする場合もあります。働くことで十分な収入を得ることができなくなった人々の生活を支えるのが，政府による社会保障のはたらきです（第2章7参照）。

　また，商品をより安く提供しようという競争のなかでは，費用を抑えるために労働者を不当に安い賃金で働かせる企業や，消費者にわからないところで商品の質を落とす企業が出てきます。工場から出る排煙や排水に対する対策費用を省いてしまう企業もあります。また，企業には規模の大きなものから小さいものまでありますが，大企業が特定の商品の生産を牛耳って不当に高い値段で商品を売ったり，大企業の活動によって中小企業が圧迫されてしまったりすることも困ったことです。そこで公平・公正な経済活動がなされるように，法令を設けて経済活動に規制をかけるのも政府のはたらきです。

　くわえて，企業はもうけを求めて生産をしますから，みんなが無料（あるいは安い価格）で平等に使えたほうがいい公園や道路，図書館，医療や介護サービスなど（公共財・公共サービス）は，市場経済のもとでは十分に提供されません。それらは，税金を使って政府によって提供されています（第2章6参照）。政府が，公共財や公共サービスの生産にお金を出すことは，不景気の際には生産が少なくなりすぎることを防ぎ，景気を下支えすることにもなります。

　このように，市場経済が生む効率性と，政府のはたらきが生む公平さや安定の両方によって私たちの経済は成り立っているのです。

　ただ，難しいのは，両者のバランスです。近年では，政府による社会保障の縮小や規制の緩和によって，市場経済の自由な活動の幅を広げようとする動きが進んでいます（この

ような動きや考え方を新自由主義と言います）。そのために，貧富の差が拡大するなど社会の公平さが失われてしまうのではないかと心配されています。貧しさゆえに必要なものを手にできない人がいたり，公正さを欠いた競争が行われたりすることは，市場経済の長所である効率性自体が失われることでもあります。もっとも，政府のはたらきの運用次第では，必要でない公共財や公共サービスの生産に税金が使われたり，一部の人々にだけ有利な規制が行われたりして，やはり効率性や公平性が失われてしまうことがあります。

　政府にどのような働きをさせるかを決めるのは，主権者である私たちです。何が公平で，どういったことが効率的なのか，そして，何をどこまで政府に行わせるべきなのか，考えていく必要があります。

金融のはたらき

　今日の経済の流れを理解するためには金融のはたらきを無視することはできません。金融とは，経済を支えるお金の流れのことですが，とくに重要なのは，社会のなかで余っているお金を，資金を必要としている企業に提供するはたらき（投資）です。企業は，生産したものが売れて初めて代金を手にしますが，生産をするためには，あらかじめ設備や原材料，労働力を購入するための資金を提供してもらう必要があります。投資は，企業の生産を後押しし，経済の流れを生みだす重要なはたらきなのです。

　みなさんはお金が余っているときには，そのお金をどうしていますか？

　──銀行に預金しています。

　実は銀行にお金を預けることも，間接的に企業への投資につながっています。銀行は預けられたお金をただ保管しているのではなく，資金を必要としている企業に貸しだすことで投資しているのですね。一方で，人々が余っているお金を直接に企業に投資することもあります（図表3）。

　──株を買ったりすることですか。

　そのとおりです。銀行が資金を貸し出す場合もそうですが，株式（株）を購入する人は，資金を必要としている企業が，しっかりもうけを出せそうかを見極めて投資するかどうかを判断します。企業の株式は，それを買おうとする人が増えると値上がりし，買おうと思う人が減ると

図表3　家計の金融資産内訳（2016年）

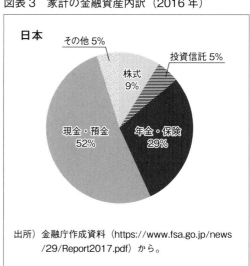

出所）金融庁作成資料（https://www.fsa.go.jp/news/29/Report2017.pdf）から。

値下がりします。つまり，企業の株式の値段は，その企業の事業が順調に進みそうかどうかによって決まるわけです。

　もっとも，ある企業に投資するかしないかは，その企業のもうけだけで判断する必要はありません。いいものを生産したり，いい活動をしたりしていると思う企業に投資することで，その企業を応援することができるのです。最近では，環境や社会に対する企業の貢献度を投資の判断基準にすること（ESG投資）が広がっています。逆に，環境保護に消極的な企業や，核兵器の製造に関与している企業などの株式を売り払ったり，そういった企業にお金を貸している銀行から預金を引き揚げたりして，企業の行動を変えさせるダイベストメントという運動も注目されています。もし自分が多額の資金をもっていたら，その企業に投資するかどうかという観点で，いろいろな企業の事業を調べてみるのもおもしろいですね。

　ところで，近年では，経済を支えるはずの金融のはたらきが，かえって経済の流れを混乱させてしまうことが問題となっています。投資は，企業に資金を投じて，その資金から企業が新しく価値あるモノを生みだすことを長期的に応援することです。それに対して，土地や株式を安く買い，値上がりしたところで売り払うなど，価格の変化の機会（チャンス）から短期的に大きな利益を得ようとすることを投機と言います。投機目的の資金の流れは，企業の株式や土地の価格を，その実際の価値と関係なく乱高下させ，企業の生産活動を不安定にします。また，投機は，機会を逃せば逆に大きな損失を生みだします。投機の失敗によって発生した損失で金融業界が混乱に陥り，企業に資金を貸しだすという本来の仕事ができなくなってしまうこともあります。投機など，経済を混乱させうる金融の動きをどう規制していくかも，私たちが考えていかなくてはならない重要な問題です。

国 境 を 越 え る 経 済

　今日では，経済の流れは国境を越えて広がっています。具体的にはどのように国境を越えているでしょうか？

　──たくさんの商品が輸入されたり，輸出されたりしています。

　そうですね。私たちの身のまわりを見渡しても，Made in ～と外国名が記された商品がたくさんあります。日本からも多くの商品が輸出され，その売れ行きは日本の景気に大きく影響しています。ただ，近年では，生産された商品が国境を越えてやりとりされるだけでなく，企業が海外に工場や子会社，店舗などを設け（直接投資），現地で生産活動を行うことも増えています。日本有数の大企業であるトヨタ自動車は，1980年代に海外での本格的な生産を始めましたが，今では20を超える海外拠点での生産台数が国内生産台数を上回るようになっています（**図表4**）。このように経済の流れが，国境を越えて地球規模になっていることを経済のグローバル化と言っています（**図表5**）。

図表4　トヨタ自動車の自動車生産台数

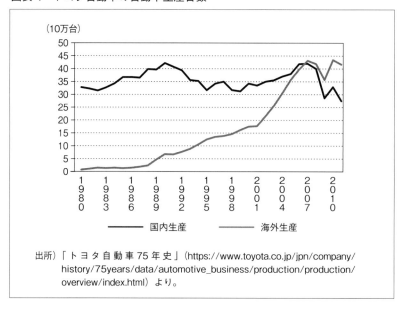

出所）「トヨタ自動車75年史」（https://www.toyota.co.jp/jpn/company/ history/75years/data/automotive_business/production/production/ overview/index.html）より。

図表5　世界の貿易と直接投資の動向

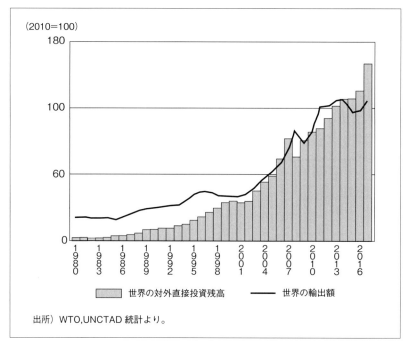

出所）WTO, UNCTAD 統計より。

　経済のグローバル化は，自由にモノを売り買いする市場経済のしくみを世界規模で実現し，世界規模で効率のよい経済の流れを実現しようとしていることだと言えます。しかし，それは市場経済にともなう問題が，世界規模で生じることでもあります。安い輸入品との競争に敗れた国内の企業が倒産したり，工場を海外に移転する企業の労働者が仕事を失ったりすることがあります。不当な低賃金労働や環境汚染をともなって生産された安い商品が世界中で買われることや，世界規模の超大企業が経済の流れを支配してしまうこと

も心配されます。

　悩ましいのは，市場経済のしくみが世界規模で広がる一方で，それが生む問題に対処する政府のはたらきは各国ばらばらで，世界全体の政府というものが存在しないことです。世界規模に広がった私たちの経済が，世界各地でどのような問題を引き起こしているか，それに対して世界の国々がどのように協力しようとしているのか（あるいは，何が協力を妨げているのか），調べてみてほしいと思います。

参考資料 --

　小塩隆士『高校生のための経済学入門』ちくま新書，2002 年
　池上彰『「見えざる手」が経済を動かす』ちくまプリマー新書，2008 年
　永野良佑『金融がやっていること』ちくまプリマー新書，2012 年
　山家悠紀夫『景気とは何だろうか』岩波新書，2005 年

（八島朔彦）

5 いつか働くあなたのために

キーワード　社会的分業, 勤労の権利, 労働契約　労働者の権利, 憲法 27 条　労働基準法,
　　　　　非正規雇用, 失われた 20 年, 労働組合

働くことの意味って何ですか?

人は何のために働くのでしょうか。

　　——生きるためのお金を稼ぐ, 生きがい, やりがい……。

そうですよね。生きていくためにお金は大切です。働いていてお客さんに「ありがとう」などと言われるとうれしいですし, 自分が提案した工夫が認められるなどしたら, ますますモチベーションは上がります。

モノやサービスは, 人々の分業により生みだされます。たとえば一つのパンを手に入れることを考えても, 小麦を育てる, 製粉する, 小麦粉を販売する, などのプロセスが必要です。実際にはもっと複雑な工程があり, 多くの人たちの手が加わります。このようなことを「社会的分業」と言います。人は働くことで, 社会的分業を引き受けることになります。

日本国憲法 27 条 1 項では「すべて国民は, 勤労の権利を有し, 義務を負ふ。」とあります。「勤労の権利」とは, 働く意思がある者に国家はその機会を保障するという意味です。2019 年 7 月参院選でれいわ新選組から当選した木村英子さん, 舩後靖彦さんが国の福祉サービス「重度訪問介護」の見直しを求める集会を開きました。2 人とも重度身体障害があります。木村さんは就労時に制度が使えないことに触れ, 障害者が働き社会参加ができる制度の必要性を訴えました。集会に参加した当事者からも「(制度の不備で)就職をあきらめた。働く権利を奪われた」などの声が上がったそうです。

　　——働くことは, 自分自身の力を発揮する場をもつこと, 社会に居場所をつくることでもあるんですね。

働くことは「私が私である」ことの表現だったり, 時には「人間らしく生きるための尊厳」を意味するものだとも言えます。

ワークルールって何?

みなさんは, アルバイトの経験はありますか?

——あります。ドラッグストアで店員を週4日，1年続けています。

　ではワークルールについてどれくらい知っていますか？　次の（1）〜（3）は労働トラブルになるか考えてください。

〈ドラッグストア編〉
　（1）チラシに時給1050円とあったが，支払給与の明細では時給1000円。確認すると3か月は見習いの時給だそうだ。
　（2）勤務時間は21：00まで。21：10くらいまで閉店業務をしたあとに帰る。
　（3）決まっていたシフトは20：00まで。店に着くと22：00に変更されていた。

　解答　（1）「なる可能性がある」（労働契約による）。
　　　　（2）「なる」（閉店業務も労働時間）。
　　　　（3）「なる」（労働条件は労使の合意にもとづく）。

　どうですか？　「時給」「業務内容」「何曜日に何時間くらい働くか」などを労働条件と言います。労働条件は，労働契約によって決まります。労働契約は対等の関係である労働者と使用者（アルバイト先）の合意により成立し，契約内容は労働条件通知書に明記されます。労働者は自分の労働の対価として，使用者から賃金をもらうのです。（1）では，トラブルにならないこともあります。どんなケースかわかりますか？

　——労働条件通知書に「3か月の見習い期間賃金は1000円」と明記されているケース！

　そのとおり。労働者を雇う際，使用者は労働条件通知書を渡すことが義務づけられています。アルバイトを始める際には，労働条件通知書を使用者からもらい，「おかしい」と思うことがあったらその書面を示して使用者と話し合うことができます。働くのは平日のみなどの条件があれば先に使用者に伝え，労働条件通知書に書き加えてもらうとよいです。通知書を渡すことは使用者の義務なので時間がたっていても遠慮せず伝えてください。
　ほかにも心身のリフレッシュを図ることを目的に，給料を支給されながら休む有給休暇（有休）をとることができます。アルバイト，パートにも有休はあります。
　有休は法律にもとづく「労働者の権利」です。あなたが権利を行使することは，仲間の権利への気づきと行動に結びつくかもしれません。次の事例も高校生たちから聞きました。

〈事例〉
1．「代わりに働いてくれる人を自分で探さないと休めない」→代わりを見つける責任は使用者や社員にあります。
2．「何時間働いても休憩は15分」→6時間を超える場合には最低45分，8時間を超え

る場合には最低1時間の休憩を労働時間中にとれます。

3. 「タイムカードを押すのは制服に着替える前と後，どちらが正解？」→制服に着替えなければ業務ができない場合，着替えをする時間も労働時間です。ですから就業前は着替え前，就業後は着替え後が正解です。

労働に関する基本的な法律を知っていますか？

——労働基準法。

そうです。労働基準法（労基法）は，憲法27条2項「賃金，就業時間，休息その他の勤労条件に関する基準は，法律でこれを定める。」，そして3項「児童は，これを酷使してはならない。」との理念を具体的に定めている法律です。ただし，法律があっても，それが実現されていないという問題もあります。

過労自殺や過労死は，仕事の効率が悪い自分の責任？

2015年広告大手電通の新入社員，高橋まつりさん（当時24歳）が長時間労働やパワハラに苦しみ自殺しました。亡くなる直前「眠りたい以外の感情を失った」「生きているために働いているのか，働くために生きているのか分からなくなってからが人生」などSNSに書き込んでいたそうです。**図表1**を見てください。

図表1　諸外国における「週労働時間が49時間以上の者」の割合（平成28年）

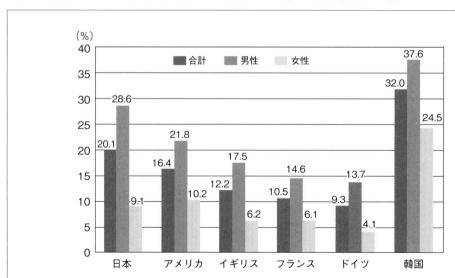

資料）独立行政法人労働政策研究・研修機構「データブック国際労働比較2018」。
注）平成28（2016）年における週労働時間が49時間以上の者の割合を示したもの（ただし，アメリカは平成24（2012）年，韓国は平成27（2015）年）。
出所）厚生労働省「平成30（2018）年版過労死等防止対策白書」。

韓国に次ぎ日本の労働者は長い時間働いていることがわかります。まつりさんは特別なケースなのでしょうか。これまでの裁判で，使用者には安全配慮義務があるとされています。それは「労働者がその生命，身体などの安全を確保しつつ労働することができるよう，使用者には配慮する義務がある」という意味です。「全国過労死を考える家族の会」の活動では，「過労死対策は国の責務」とし，「過労死等防止対策推進法」(2014 年施行)の成立に尽力しました。政府は 2018 年 7 月「過労死等の防止のための対策に関する大綱」を定め，相談窓口を開設。中学や高校に過労死で家族を失った遺族の方を講師として派遣するなどの啓発活動を行っています。しかし同年 6 月に成立した働き方改革関連法では，「高度プロフェッショナル制度」があり，専門職で年収の高い人は労働時間の規制対象からはずされています。「全国過労死を考える家族の会」では「この制度は長時間労働を助長する」と導入に反対しています。

非正規雇用で働くってどういうことなのですか？

この 30 年で非正規雇用が 2 割から 4 割へ倍増しました。保護者や学校の先生たちが就職希望者に正規を勧めるのはなぜだと思いますか？

次の 1 ～ 6 の文章で非正規雇用を表しているものを選んでください。

1. 年功序列により賃金が年々上がる。
2. 各種手当，ボーナス，退職金がある。
3. 年金や雇用保険，健康保険などの社会保険の一定の額を企業が負担する。
4. よほどの理由がないかぎり解雇されないので，自分の都合で退職できる。
5. 教育訓練を受け，キャリアアップができる。
6. 自由な時間がある。

――う～ん。

どれも非正規雇用を表している，とは言い難いですね。ただし，シフトが選べるなどうまくすると 6 は該当しますし，非正規でも労働時間が正規に近いなどの一定の要件を満たすと健康保険や厚生年金などの社会保険に入ることもできるので，3 が該当する場合もあります。正規に比べると労働条件が厳しい非正規の人数が今の日本では増えています。なぜでしょう？

――正規を雇うと，企業はお金がかかる。

そのとおりです。株や土地などの価格が異常に上がったバブル経済が崩壊した 1990 年代から日本は「失われた 20 年」と言われる不況がずっと続きました。企業は日本型雇用

と言われる年功序列（年齢に応じて役職や賃金が上がる制度）と終身雇用（同じ企業で定年まで雇用されつづけること）を維持できなくなったのです。1995年5月，日本経済団体連合会（経団連）の前身である日本経営者団体連盟（日経連）は「新時代の『日本的経営』」を発表しました。それは労働者を「長期蓄積能力活用型」，「高度専門能力活用型」，「雇用柔軟型」三つのグループに分けようという提言でした。そして，このなかでいわゆる「期間の定めのない契約」である正規雇用は，「長期蓄積能力活用型」だけなのです。

　これを後押しするような政策も進められました。大内裕和『ブラックバイトに騙されるな！』によると，1996年の労働者派遣法改正によって派遣対象業務が26業務に拡大され，1997年には労働基準法の改正で女性保護規定が削除されました。さらに1999年の労働者派遣法改正によって，それまでの「原則禁止，一部適用」から「原則自由，一部禁止」へと，派遣労働の規制緩和が大きく進められました。そしてついに2004年の労働者派遣法改正によって，それまで禁止されていた製造業においても人材派遣が解禁されました。

　非正規を雇えば，企業はコストダウンできるし，都合に合わせて雇用を終わらせることができます。そのため派遣労働者をはじめ，契約社員，パートタイマー，学生アルバイトなどの非正規が増加しました。正社員の業務補助としてのアルバイトが，労働の中心となる職場も増えて，過剰な責任を負わされる学生のアルバイトが社会問題として認識されるようになりました。

　諸外国の例から，ちょっと視点を変えて考えてみましょう。**図表1**にある欧米の国々は日本より労働時間が短いですし，正規で短時間勤務を選ぶことができたり，非正規で賃金や社会保障のしくみが正規と遜色ない働き方があるそうです。

　一方，日本では，正規になるチャンスは学校を卒業するときのみというところが多く，出産や子育てのために一度退職してしまうと，再び正規に戻ることが難しい状況がまだまだあります。とはいえ，企業規模や職種によって大きく違いますが，ようやく最近これを見直す企業も出てきています。

　その時々の自分の生活に合わせ，正規，非正規も含め働き方を選ぶことができたら，今よりずっと多くの人たちの人生が豊かになりそうです。今の日本では女性が正規で子育てをしながら働きたいと考えても，長時間労働は大きな壁です。職場復帰をめざす女性のなかには，保育園に入りやすい時期を逆算して妊娠のタイミングを考える「妊活」までするケースも少なくないそうです。

人間らしく働きたい

　勤労は権利です。モノやサービスを手に入れる手段でもあるし，自分らしさを表現する重要な要素にもなります。生きていくことに欠かせないものだから，その環境をより人間らしいものにしていく必要があります。

　労働組合というと，近寄りがたいイメージがある人もいるかもしれません。けれど職場で困難なことがあったとき，相談にのってくれるなど，あなたを助けてくれるのはきっと

図表2　首都圏青年ユニオンのパレード（2009年5月1日メーデー）

出所）大野一夫氏提供。

職場の仲間です。1人ではできないことも，仲間とつながることで実現できるかもしれません。職場の組合でなくても，会社を越えて1人で入ることのできる組合もあります。

　図表2に示した首都圏青年ユニオンは，「あつまろう　パート・臨時・派遣のなかま」とよびかけていて，高校生や大学生の組合員もいます。憲法にある権利は，これまで生きたさまざまな人たちにより獲得されてきたものです。今を生きる私たちの生活にどのように憲法の理念を実現していくかは，私たち一人ひとりの行動や生き方に託されています。

　みなさんは，どんな働き方をしたいですか？　シングルのとき，パートナーと暮らすとき，子育てするとき，家族や大切な人の介護が必要になったとき――これからのライフステージをイメージしながら，話し合ってみてください。

参考文献 --

小熊英二『日本社会のしくみ――雇用・教育・福祉の歴史社会学』講談社現代新書，2019年
橘木俊詔『日本人と経済――労働・生活の視点から』東洋経済新報社，2015年
後藤道夫『ワーキングプア原論――大転換と若者』共栄書房，2011年
早稲田大学学生部学生生活課協力・石田眞・竹内寿監修『ブラックバイト対処マニュアル』早稲田大学出版部，2016年
大内裕和『ブラックバイトに騙されるな！』集英社，2016年
「これが，あなたを追い詰めた日本　過労死遺族の無念」『朝日新聞』2018年6月29日
「職場での介護費，就労の壁」『朝日新聞』2019年10月23日
乾彰夫『若者が働きはじめるとき』日本図書センター，2012年

（日達　綾）

6 税金はどうして必要なんだろう？

キーワード　納税の役割，税制，税と財政，税の種類と機能

消 費 税 率 の 引 き 上 げ を め ぐ っ て

　2019年10月から，消費税の税率が8％から10％に引き上げられました。みなさんの生活は変わりましたか？

　──やはり負担が大きくなったと感じます。
　──8％のときより計算がしやすくなったし，5円や1円硬貨を使う機会が減りました。

　消費税は1989年に導入され，最初の税率は3％でした。それが5％（1997年〜），8％（2014年〜）と上昇し，10％になりました。なぜ次々に，税率が引き上げられたのでしょうか。

　──国の借金が増えたから？

　確かに，国の借金にあたる国債の発行残高は，年々増加しています。その額は，2019年度末見込みで「897兆円」です（**図表1**）。国民1人あたり，約713万円の借金を背負っている計算です。なぜこんなに，借金が増えたのでしょうか。

図表1　国債残高の累増

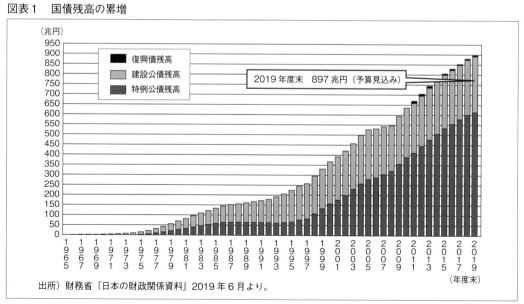

出所）財務省『日本の財政関係資料』2019年6月より。

──ずっと景気が悪かったから。
　　──高齢化が進んだから。

　不景気が続き，企業の業績が落ち込み，個人の消費が低迷すれば，税収が落ち込みます。実際，バブル景気の1990〜91年には，国の税収は過去最高の約60兆円でしたが，その後の平成不況と「リーマンショック」の影響や，法人税・所得税の減税などにより，2009年度は約39兆円まで落ち込みました。

　高齢化すると，社会保障費が増えます。現役世代と同じように働くことができない高齢者は，年金が貴重な収入源になります。また，病院の診察費や薬代など，自己負担分以外は，医療（健康）保険から支払われます。これら社会保障給付費のGDP（国内総生産）にしめる割合は，1975年は7.7％でしたが，2015年には21.6％になりました。2025年には24.4％にまで上昇することが予想されています。

　借金を返すためのお金（国債費）も増えています。国の支出（歳出）に占める国債費の割合は23.2％（2019年度当初予算）です。支出の約4分の1は借金の返済にあてられている，ということです。

　消費税は，社会保障費に使うことになっています。国民全体で負担していて，税収が比較的安定していることがその理由とされています。そして，2％の引き上げ分については，高齢者向けだけではなく，「教育負担の軽減」「子育て層支援」などにもあてることになっています。大学の授業料や，保育園の保育料の減免などにも使われます。

税金とは何だろう？

　こう言われると，消費税率の引き上げもやむをえないと考えられそうですが，どうでしょう。疑問や反対意見はありませんか。

　　──私は高校を出たら就職するので大学の授業料も，保育料も関係ありません。どうして自分に関係ないことのために，税金を払わなくてはいけないのですか？

　「税とは何か」にかかわる，大変重要な疑問です。どうして，自分には直接関係ないものまで，税金の形で支払わなくてはならないのでしょう。そもそも，税金はなぜあるのでしょう。そのことを考えてみましょう。
　税金は高いほうがいいか，安いほうがいいかと聞かれたらどうですか？

　　──そりゃ安いほうがいいし，できればないほうがいいです。

　「税金」に関する本をインターネットで検索すると，「税金で損しない」「節税テクニック」などの書名が上位にきます。私たちは，納める税金の額は少ないほうがいいし，可能

なら納めずに済ませたいと考えがちです。でもちょっと考えてみてください。私たちが病気になって病院にかかるとき，「保険証」を提示します。それによって窓口での支払い額が減免されたり，免除されたりしますよね。それは，本来支払うべき費用を，税金や保険料でまかなっているからです。その背景には，病気にかかったときは，誰でも安く，あるいは無料で病院にかかることができたほうがいい，そのための費用は，病気になる・ならないに関係なく，みんなで負担しよう，という考え方があります。

　別の例で言えば，公立図書館を利用するとき，私たちはそのつど利用料を払いません。それは，自分が利用するかどうかに関係なく，誰でも本を通じて学ぶことができる世の中が理想だ，と考えられているからです。つまり，病気になったときに心配がなく暮らせることや，本を読んで学ぶことは，私たちにとって欠くことができず，そうしたしくみについては，その費用を社会全体で負担しましょう，というのが税の考え方です。税は，この社会で暮らすうえでの「会費」みたいなもの，という言い方もあります。

　税金を安く済ませたければ，図書館の蔵書が減るなど，サービスの質も低下します。一方，医療や福祉のサービスを充実させたいと思えば，高い税金や保険料を負担することになります。どんなサービスをどこまで充実させるかは，それぞれの社会全体で決めることです。

　――そう考えると，税金は安いほうがいいとは言えなくなりますね。

　「マンションの管理費」を思い浮かべるとわかりやすいと思います。マンションでは，共有部分の廊下の掃除や，周囲の生垣（いけがき）の維持管理などのために，住民が管理費を出し合っています。将来の大規模な改修のために「修繕積立金（しゅうぜんつみたてきん）」を集める場合もあります。これはマンションという社会の税金みたいなものです。税金を高くすれば，管理人を24時間配置するなど，サービスが充実します。一方，税金が安ければサービスは低下しますが，安いままサービスを維持しようとすれば，自分たちでなんとかするしかありません。「月1回は草むしりをしましょう」などとルールを決めているマンションもあります。

税 の 種 類 と 機 能

　さて，税金は社会の会費だと言いましたが，実にたくさんの種類があります（図表2）。分類の仕方もさまざまで，誰が課税するかで「国税」と「地方税」で分けるほか，何に課税するかで「所得」「消費」「資産等」に対する税に分ける分け方もあります（図表3）。

　――聞いたことのない税もあります。「とん税」って何ですか？

　外国の貿易船が日本の港を使うときに課される税です。船の重量（トン数）に対して課されることから，この名がついています。そのほか私たちにはなじみがないものも多いですが，温泉に入るときの「入湯税（にゅうとう）」などは，納めたことがある人もいると思います。

図表2　税の分類

所得に対する税 〔所得課税〕	消費に対する税 〔消費課税〕	資産等に対する税 〔資産課税等〕
所得税，法人税， 住民税など 所得税や法人税などのように， 所得（利益）を対象にして課税	消費税，酒税，たばこ税， 揮発油税など 消費税などのように，物品やサービスの消費等を対象として課税	相続税，贈与税， 登録免許税など 相続税や固定資産税などのように，資産の取得，保有等を対象として課税

出所）財務省『もっと知りたい税のこと』平成30（2018）年6月より。

図表3　税の種類

	国税	地方税		国税	地方税
所得課税	所得税 法人税 地方法人特別税 復興特別所得税 地方法人税	住民税 事業税	消費課税	消費税 酒税 たばこ税 たばこ特別税 揮発油税 地方揮発油税 石油ガス税 自動車重量税 航空機燃料税 石炭石油税 電源開発促進税 国際観光旅客税 関税 とん税 特別とん税	地方消費税 地方たばこ税 ゴルフ場利用税 自動車取得税 軽油引取税 自動車税 軽自動車税 鉱区税 狩猟税 鉱産税 入湯税
資産課税等	相続税・贈与税 登録免許税 印紙税	不動産取得税 固定資産税 都市計画税 事業所税 水利地益税 共同施設税 宅地開発税 特別土地保有税 法定外普通税 法定外目的税 国民健康保険税			

出所）財務省『もっと知りたい税のこと』平成30（2018）年6月より。

　税には，大きく分けて三つの機能があります。第1は「財源調達機能」で，公共サービスにかかる費用をまかないます。第2は「所得再分配機能」です。税は「応能負担」と言って，所得の多い人から多く，少ない人からは少なくというのが原則です。こうすることで，結果的に，所得の多い人のお金を，所得の少ない人に再分配し，格差を是正する役割を担（にな）っています。そして第3が「経済安定化機能」です。景気のいいときに税率を引き上げて過熱をおさえ，逆に不況のときは税率を引き下げて，経済を活性化させます。

　このうち「所得再分配機能」は，貧富の差をやわらげ，社会全体の公平を図る機能です。税は社会の会費ですが，会費を全員一律とするのではなく，支払う人によって差をつけるというわけです。所得などが高い人ほど高い税率を課す制度を「累進課税制度」と言います。結果として，人々に公平に公共サービスが提供されますが，利益を受ける人のみがその費用を負担する，という場合もあります。公共施設の利用料や住民票の発行手数料などは，税ではないものの，この「受益者負担」の考え方から徴収されています。

人々は税とどう向き合ってきたか

——税が必要なのはわかりましたが，どうしても「税は無理やり取られるもの」という
　印象があります。昔はどうだったのですか？

　日本では，古くは邪馬台国の時代から税はあったようで，律令時代の「租庸調」や近
世の「年貢」は，農作物や労働で税を納めていました。税の取り立てに苦しんだ人々が
「百姓一揆」を起こしたこともあります。明治になって「地租改正」が行われ，税は「税
金」，つまりお金で納めるようになりましたが，それでも，人々にとって税はいやいや納
めるもので，「苛斂誅求」（容赦なく取り立てる）などと言われました。
　これは海外でも同じで，ヨーロッパでも近世以前は，人々は国王などから，きびしく税
を取り立てられていました。しかし，近代になると，人々も経済的に力をつけてきたため，
国王が課税しようとしても，抵抗するようになります。すると国王は，課税に対して市民の
同意を得なくてはなりません。やがて「市民革命」を経て，市民が政治の実権を握るよう
になります。国は王のものから自分たちのものへと変わるわけですから，市民は，必要な
費用を自ら負担し，その使い道を，議会を通してみんなで決めるようになるわけです。で
すから，近代の民主政治は，実は税をきっかけに生まれた考え方と言ってもよいのです。
　ここで忘れてはいけないのは，市民が自ら税金を納めるのは，国家や政府が「市民のた
めの政治」をしていればこそです。啓蒙思想家のロックによれば，もし国家が，市民の生
命や自由や財産をおびやかすことがあれば，市民は再び革命などを通じて，新しい政府を
つくることができる，とされています。

社会の会費を自ら担う

　日本は，市民革命を経た経験がありません。それでも，社会の会費を自ら担う費用とい
う考え方が，まったく根づいていないわけではありません。みなさんは「確定申告」とい
う言葉を聞いたことがありますか？

——あります。芸能人がパソコンを操作しているニュースを見ます。
——両親がお店をやっているので，年末に忙しく書類をつくっています。

　個人や法人が，自分で所得を計算して申告し，その年に納めるべき税額を確定すること
を「確定申告」と言います。これは，納税者が自主的に所得や税額を申告するという「申
告納税制度」の一つで，戦後の 1947 年に始まりました。人々への納税への信頼を基礎に
おいた，民主的な納税制度の一つです。

——私の家では，税金は給料から自動的に引かれていると言っていました。

企業などに勤めている人のほとんどは，税金や保険料は，自動的に給与から差し引かれます。ですから，自ら納税しているという自覚が低いと言われています。

　アメリカでは，課税所得のあるすべての国民に，確定申告が義務づけられています。当然，税金がどのように使われているかにも関心が集まり，それが政治への高い関心につながっていると言われています。自分たちが払ったお金を，政府がどのように使っているか，きちんと監視し，納得がいかない場合は，デモなどを通じて抗議したり，選挙を通じて代表者を交代させます。「代表なくして課税なし」の考え方が根づいているのです。

　――日本も，所得のある人は全員，確定申告をすることにしたらどうですか？

　一部に，そうしてはどうかという意見もあります。ともかく，国民一人ひとりが「納税者」だという自覚をもって，税金の使い道に対する意識を高めることが大切です。日本は「租税法律主義」と言って，税金を課すときは法律の定めがなくてはなりません。法律は国会で決まるものですから，当然，政治への関心を高めていく必要があります。

税 か ら 「 公 共 」 を 考 え る

　税制や財政と言うと，どうしても経済分野の学習と考えがちですが，公共のサービスをどこまで充実させ，その費用をどこまでみんなで負担するか，それをみんなで考え決めていくわけですから，根本のところでは，政治と深く結びついています。この節で取り上げた「消費税」のほかにも，「ふるさと納税をどうするか」「タックス・ヘイブン（租税回避地）にどう対応するか」など，税を通して「公共」を考える，それにふさわしいテーマはたくさんあります。ぜひこれからも，税金のあり方，使い方に関心をもって，納税者として，ひいては主権者としての自覚を高めてほしいと思います。

参考文献 ---
　井手英策『18歳からの格差論――日本に本当に必要なもの』東洋経済新報社，2016年
　井手英策『幸福の増税論――財政はだれのために』岩波新書，2018年
　財務省『もっと知りたい税のこと』2018年
　志賀櫻『タックス・ヘイブン――逃げていく税金』岩波新書，2013年
　神野直彦『「分かち合い」の経済学』岩波新書，2010年
　神野直彦『税金　常識のウソ』文春新書，2013年
　鶴田廣巳・藤永のぶよ編『税金は何のためにあるの』自治体研究社，2019年
　三木義一『日本の税金　第3版』岩波新書，2018年
　諸富徹『私たちはなぜ税金を納めるのか――租税の経済思想史』新潮社，2013年

（渥美利文）

7 誰もが安心して暮らせる制度，社会保障を知る

キーワード　社会保険，公的扶助，社会福祉，公衆衛生，憲法25条，少子高齢化

政治に望むことの第1位は？

　国民が政治に一番望んでいることは，なんだと思いますか。

　──やっぱり戦争がない，平和な日本じゃないかな。

　「医療・年金等の社会保障の充実」です。若いみなさんにはピンとこないかもしれませんが，近年の世論調査では，この何年もずっとトップです。

　私たちは生活を営むうえでさまざまな生活上の問題（リスク）を抱えます。たとえば，病気，障害，失業，高齢化などです。その問題を公的責任で緩和・解決し，生活を支える制度，国民が安全・安心に暮らすためのしくみが「社会保障」なのです。それは，**図表1**のように分類されます。

　社会保障は，19世紀に資本主義経済が発展するなかで貧富の差が拡大し，経済的に弱い立場の人々の生存がおびやかされるなかで生まれたものです。個人の自由にまかせてい

図表1　日本の社会保障制度

社会保険（医療，年金，雇用，労災，介護）
公的扶助（生活保護）
社会福祉（児童，母子，障害，高齢者）
公衆衛生（医療，環境）

た経済活動は，人々の自由と平等を実質的に保障することができないことがわかってきました。そのため，国家が介入し，社会的・経済的に弱い立場の人にも最低限度の生活を保障すべきという「権利としての社会保障」の考え方が生まれたのです。

日本国憲法25条

　──「せいぞんけん」って社会保障と関係あるんですか？

　日本では，そもそも1938年に兵士・国民の体力を増強し戦争を遂行するために，医療や年金制度がつくられましたが，戦後には，憲法25条の「生存権」をよりどころに社会保障制度が整備されてきました。

　日本国憲法は「アメリカに押しつけられた」と言われていますが，25条1項の「すべ

て国民は，健康で文化的な最低限度の生活を営む権利を有する。」という文言はGHQ案には存在しませんでした。25条1項は，1946年6月の憲法制定国会において，当時の社会党の森戸辰男らが発案し，書き込まれたものです。また，25条2項において「国はすべての生活部面について，社会福祉，社会保障及び公衆衛生の向上及び増進に努めなければならない。」として，国や地方自治体の社会保障における責務がうたわれています。社会福祉，社会保障における責任は国・自治体にあるということです。ここで保障されるべき生活とは「健康で文化的な」ものということです。

　　——そうだったんだ。でも，「健康で文化的」って，わかるようで，よくわからないなぁ
　　　……。

社 会 保 障 の 機 能 と は

　そうですね。どういう状態が「健康で文化的」かについては，時代にもよるし，一言で言えるものではありません。ここではまず，社会保障がどんな役割を果たしているのかについて，見ていきたいと思います。

　社会保障の機能は，大きく三つあります。

　第1に失業，疾病，障害，保育，介護，貧困など，さまざまな困難に出合ったとき，公的なサポートによって生活を安定させる「生活安定・向上機能」。

　第2は，「所得の再分配」機能です。私たちはモノやサービスを購入するために稼がなければなりません。資本主義社会では，生産物は個人の購買力（所得）によって購入（分配）されるので，所得のない人は生産物を購入できません。障害や疾病，失業など生活問題をかかえる人などは十分な所得を獲得できず，生活（生存）を維持することができなくなります。そこで，政府が介入し，「所得の再分配」を行うことになります。「所得の再分配」を支えているのが日本国憲法25条の生存権です。所得の高い人から低い人への所得の再分配は，累進課税のもとで高所得者に高い負担を求め，低所得者に生活保護費などの支給を行う「垂直的所得再分配」がその典型です。

　第3が，「経済安定機能」です。社会保障制度がなければ，失業，疾病，障害，保育，介護，貧困などさまざまな困難に個人で立ち向かわなければなりません。そのために生活が不安定になり，消費が落ち込めば，事業主も資本を投資にまわせなくなっていきます。それを防ぐのが社会保障の役割なのです。

　　——いいことばかり！　でも，保険料とかの負担が大変って，お母さんが言っていまし
　　　たよ。

社 会 保 険 の し く み と 問 題 点

　社会保険は「あらかじめみんなで保険料を出し合い，リスクにあった際に，その保険料を財源として給付を行う」というものです。国民は，加入を法律によって義務づけられ，保険料を支払わなくてはなりません。ただし，このしくみは「社会連帯」の理念にもとづくもので，保険料の支払いは民間保険とは異なり，所得などの支払い能力に応じたものになっています。リスクの高い人や収入の低い人でも保険に加入し，必要な給付を受けることができるのです。事業主も負担します。また，保険料負担が重くなりすぎないように，国や自治体も税金を投入しています。

　確かに近年，保険料が上がっていて，負担が家計を圧迫している現実もあります。そのためもあって，本人が直接に保険料を納付しないといけない国民健康保険や国民年金で未納問題が起こっています。

　　──保険料を払えないなら，病気のとき，保険証が使えないってこと？

　そうなります。厚生労働省の調査によると，自治体が運営する国民健康保険制度で，2018年度に保険料を滞納していた世帯は，全加入世帯の約15％でした。また，国保料滞納世帯の3軒に1軒は，正規の被保険者証を取り上げられています。そのため，医療機関の受診が遅れ，死亡という深刻な事態も起こっています。滞納の理由は非正規雇用の割合が高いこと，国民健康保険料が高すぎて払えないということです。また病院の窓口で支払う負担が増えているため，受診を控える世帯が増え，病気を悪化させていることも問題になっています。

　　──それって，かなりヤバくないですか？

　本当にそうです。みなさんには，まだ遠い話ですが，老後の生活を支えるはずの年金も大きな問題をかかえています。国民年金の保険料（2019年は月1万6410円）を40年間1度も滞納せずに納付した場合でも，満額は年約78万円です。40年間払いつづけている人は多くなく，国民年金の受給額は月平均5.5万円です。国民年金制度発足時は，自営業者や農林水産業者などが対象で，年金以外の収入の確保が見込めたことや，子どもからの扶養などを前提として給付水準を想定していました。しかし，現在の状況では国民年金だけで生活するのは困難です。生活保護受給者の半分は高齢者ですから，年金について大きな見直しが必要だと言えるでしょう。

　　──「ねんきん」ってよく聞くけど，まだまだ遠い話だよ。でも，考えていかないといけないかな……少し自分で調べてみようかな。

「公的扶助」（生活保護）の役割と問題点

　次に，「最後のセーフティーネット」と言われる生活保護について，見ていきましょう。

　生活保護は，働くことができない，あるいは，生活できないような低賃金しか得られず，貯金などの資産もない人たちの暮らしを税金で支えるしくみです。必要に応じて現金・サービスを給付します。

　生活保護制度では利用申請した人（世帯）が，制度の要件を満たすか否かの調査によって判断されます。日本の生活保護は諸外国と異なり，保護開始時の預貯金などの資産調査がきびしく実施されており，申請者にスティグマ（恥辱感）を与えるために利用しづらい制度になっています。また，自動車の保有を基本的に認めないことや，親族の扶養義務を優先させるなど，給付に消極的な国・自治体の姿勢のために，生活保護を必要とする世帯のうち実際に利用している割合（捕捉率）が２割程度にとどまっています。

　高齢貧困者の増加などによって生活保護受給者が増えるなかで，2013年の法改正では不正・不適正受給対策が強化されたり，医療費を給付する医療扶助の見直しが行われるなど，運用がよりきびしくなりました。

　──2012年だったかな，漫才師の親が不正受給って騒がれたのを覚えているよ。それから生活保護へのバッシングが起こったってお母さんが言っていたような……。

　そのとおりです。バッシングが強まるなかで，さらに2018年の10月には，最低賃金で働く人よりも高い水準で生活している生活保護利用者がいることを理由に保護費が切り下げられ，きびしい生活を強いられる人が増加しています。

進められる「社会保障と税の一体改革」

　消費税が2014年4月から8％に，2019年10月から10％に上がりました。

　──消費税が10％になって，おこづかい目減りだよ。でも社会保障が充実されるんだったら，まあいいか！

　国税庁ホームページを見ると「少子高齢化にともない，……社会保障費用は急激に増加しており，国・地方の財政の大きな部分を占めている。その一方で，……高い経済成長率が望めなくなり，税収は歳出に対して大幅に不足しており，現在では国の歳入の約3分の1を借金（国債の発行）に頼る厳しい状況になっている。消費税率の引上げによる増収分を全て社会保障に充て，お年寄り，子ども，現役世代，将来世代，みんなが安心して生活できる，活気ある社会をつくっていく」とされています。そして，「消費税の増税で社会保障の充実・安定化と，財政赤字の軽減を同時に実現する」として，「社会保障と税の一体改革」が進められています。

「社会保障と税の一体改革」のスタンスは，①自分で働き，生活を支え，健康を守るという「自助」が基本，②次に生活と健康のリスクは「共助」が「自助」を補完する，③「自助」「共助」が無理な場合は，一定の要件で公的扶助・社会福祉などの「公助」をというものです。前に述べたように，そもそも「自助」や「共助」ではどうにもできない生活の困難を修正するために生み出されたのが「権利としての社会保障」です。「社会保障と税の一体改革」は，この概念を大きく変えたものだと言えるでしょう。

　──高齢化が進み，財政赤字がひどいってお父さんが言ってたな。税金が上がるのは仕方がないことなのかな？　幼児教育も無償化されたし，子育て世代は助かるしね！

幼 児 教 育 の 無 償 化 と 社 会 保 障 制 度 の 縮 小

　そうですね。消費税が10％になり，幼児教育無償化が始まりました。これは子育て世代まで支援を拡げ，「全世代」を支援するというものです。社会全体で子育てを支援することはよいことですが，もともと低所得世帯には保育料の減免措置があり，所得が低い家庭には「無償化」の恩恵は少ないと言われています。

　一方，政府は2019年10月1日に後期高齢者75歳以上の医療保険料軽減特例を廃止しました。また，今後さらに社会保障の自己負担増と，給付減を進めていこうとしています。たとえば，医療では「75歳以上の窓口負担を原則2割にする」，介護保険では「利用者負担を原則2割にする」「要介護1，2の生活援助サービスを保険から外し，市町村が実施する事業に移す」などです。

　──これだと，みんなが安心して生活できそうもない感じですけど……。

社 会 保 障 制 度 は ど う あ る べ き か

　そうですね。政府は安定財源を確保し，将来世代に社会保障をつないでいくために，こうした改革が必要だと主張しています。社会保障は財政のなかで多くの比重をしめていて，それが増加していることは事実です。**図表2**を見ると，1990〜2018年にかけて，消費税が13兆円増える一方で，所得税と法人税はともに6.1兆円減っています。消費税の増税は，所得税と法人税の減収の穴埋めに使われたのではないかと

図表2　所得税・法人税・消費税の税収推移

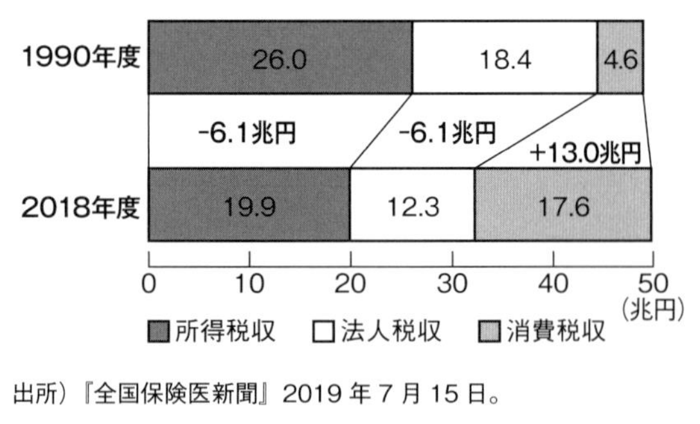

	所得税収	法人税収	消費税収
1990年度	26.0	18.4	4.6
	-6.1兆円	-6.1兆円	+13.0兆円
2018年度	19.9	12.3	17.6

出所）『全国保険医新聞』2019年7月15日。

図表3　諸外国の社会保障制度のしくみ

スウェーデン	社会保険は歳入が租税か保険料かを問わず，社会保険庁・年金庁が取り扱っている給付をさす。最低保障年金，児童手当，住居手当，傷病手当，所得年金，労災保険など。社会保険料は年金の自己負担分以外は雇用主が支払う。医療は県によって運営されている。医療は税金で運営されている。税金を払うことが給付を受ける権利に結びついている。日本ではバラ色のように描かれているが，日本と同様，高齢化問題や財政問題があり，年金・医療改革なども実施されている。
ドイツやフランス	社会保険のよさを保つために，税金の投入は避けなければならないという考え方が強い。しかし，保険料負担が限界に近づいてきたことや保険になじまない福祉給付を制度に取り入れていくなかで，財源に税金の投入も認められるようになってきている。
ニュージーランド	公的年金制度をはじめ，ほぼ税金で支出。「必要な人に優先的に」保障を行う制度。年金の受給要件は，65歳以上，20歳以上から通算10年以上，ニュージーランドに居住し，そのうち5年は50歳以降に居住していること。医療保障については，まずは民間のかかりつけ医の診察を受ける。6歳以下の乳幼児は通常，無料。所得や病状に応じて，1回の診察ごとに補助金がある。公立病院による病気の医療費は無料だが，無料診察を希望する患者が多く混み合う。

も言えます。このことから，消費税を上げることが唯一の対応策だと言うには無理がありそうです。

　社会保障制度について経済・財政上の観点から議論しはじめると，社会保障の守備範囲を小さくしてお金がかからないようにしよう，ということになりがちです。しかし，一番大切な点は，社会保障は，国民の生存権を守るためのかなめであり，人間らしく生きる権利だという基本に立ち返ることです。財政問題や社会保険か税負担がよいかなどは，そのうえで組み立てていけばよい問題です。

　図表3に，諸外国の社会保障制度について記しました。国によって，社会保障の考え方やしくみが違うことがわかると思います。今，政府が進めようとしている方向が，唯一のものではありません。これからの社会をつくっていくのはみなさんですから，「健康で文化的な生活」とはどのようなレベルの暮らしで，それがすべての国民に保障されるには何が必要なのか，という視点から，第3章5節6節を学んだあとで，さらに多面的・多角的に考えていってほしいと思います。

参考文献 --

『全国保険医新聞』2019年7月15日号
芝田英昭ほか『新版基礎から学ぶ社会保障』自治体問題研究所 2019年
伊藤周平『社会保障入門』ちくま新書，2018年
阿部敦『「新しい社会保障教育」政策と地域共生社会』関西学院大学出版会，2018年
厚生労働省『社会保障の教育推進に関する検討会報告書資料編』2014年
和井田祐司「ニュージーランドの授業──ささやかな授業開発のこころみ」第50回授業のネタ研究，2019年8月

（福田秀志）

8 情報の海でおぼれないために
―― 情報の受信者・発信者として

キーワード　メディアリテラシー，フェイクニュース，責任とモラル

現 代 は 情 報 が 大 切 な 時 代 ！

　私たちが生きる現代に情報はあふれています。本やテレビだけでなく電車の広告やインターネットのブログ・SNS など，この世界は情報だらけです。なかでもインターネットは今では生活になくてはならないインフラの一つになり，私たちは瞬時に世界中の情報にアクセスできるようになりました。また，これからの社会はすべてのモノ・情報がインターネットでつながる IoT（Internet of Things）社会が到来し，電子空間（サイバー空間）にある巨大な情報の集積（ビッグデータ）を活用しながら現実空間（フィジカル空間）の人類が発展していくという時代（「Society 5.0」）に突入しつつあります。このような社会においてみなさんが受け取り，発信する「情報」は今以上に大きな意味をもっていくのです。

　現代はスマートフォン一つあれば簡単にどこでも情報が得られて，世界とつながることができるようになりました。「Hey Siri」や「OK Google」などとスマホに話しかけるだけで知りたい情報が得られます。

　みなさんが情報を発信するハードルも下がりました。ひと昔前ではブログやホームページを立ち上げるのは難しいことでしたが，今ではそれも簡単にできます。そして，ツイッター（Twitter），インスタグラム（Instagram），ライン（LINE）といった SNS も若い世代を中心に広まっています。みなさんのなかにもやっている人が多いのではないでしょうか。そこに投稿したらみなさんは世界に向けての情報の「発信者」になりますね。

　こうした情報社会はよいことばかりとは限りません。情報がありすぎて「どの情報がホントなのか」・「どの情報を信じればよいのか」がわからなくなってきています。高速で情報がつながる社会では，よくない情報やウソの情報（フェイクニュース）が流れるスピードも速くなりました。新型コロナウイルスの流行時（2020 年 2 月〜）にもインターネット上でウソの予防法などのフェイクニュースが拡散し，トイレットペーパーなどの買いしめ騒動が起きました。

　みなさんは普段の生活のなかにあふれる情報を「正しく」受け取れているでしょうか？よくない情報に流されたりしてはいませんか？　また，知らず知らずのうちにウソを拡散したりする加害者になっていませんか？

　――そうならないためには，どうすればいいのでしょうか？

情報に接するときに少し意識すれば，情報を「正しい」目で見ることができます。その目の力を「メディアリテラシー」と言います。ここではメディアリテラシーの基本を一緒に学んでいきましょう。

情報との付き合い方を学ぼう！── 練習編

　──私，ニュースとかあんまり見ないし，SNS やってないし……。

　いえいえ。情報はニュースだけとは限りません。みなさんは，ふだん生活するうえでたくさん情報と接しています。まずはみなさんの日常のワンシーンから考えましょう！
〈例題 1〉
　来年の社会の選択授業で藤川先生の授業を選択するかどうかで悩んでいるあなたと友達 A。あなたのもとに別の友達 B からこんなメッセージが届きました。

> 　「藤川先生の授業にするかで迷ってたよね!!　私の部活の先輩から聞いたんだけど，その先輩の知り合いが藤川先生の授業はマジで楽だし，テストも余裕で点とれるって言ってるらしいよ」

　知りたかった情報が送られてきました。このメッセージを受け取った瞬間にあなたは情報の「受け手」になりました。そしてこれを友達 A にコピーして伝えると情報の「発信者」になります。早く伝えたくなりますよね。でも，ほんとにだいじょうぶですか？
　その判断は，以下の「情報と付き合う際のポイント」を見てからにしませんか？
①時間に注意する──いつの情報？
　情報は刻一刻と変化し，リニューアルされつづけています。その情報がいつのものかを考えることは重要です。新聞も朝刊と夕刊では情報が違いますし，ネットの情報は，さらにものすごいスピードで切り替わります。たとえば Yahoo! のトップのニュースは朝見たときと昼見たときでは全然違います。Yahoo! ニュースには各メディアが発信した 1 日約 4000 本のニュースが掲載されており，トップニュースは 1 日に 10 回以上入れ替わることもあるそうです。このように同じニュースでも時間によって情報は変化しています。すべてに言えるわけではないのですが，できるだけ新しい情報を得るようにしましょう。
　さて，例題のメッセージを見ると情報の時期を特定できるようなワードは「部活の先輩」という語があるだけです。この「部活の先輩の知り合い」が藤川の授業を受けたのは 2 年前かもしれないし，3 年前かもしれない。もし藤川が授業内容を去年から大幅に変更していたら，どうなるでしょうか。この情報で判断して事実に近づけるのでしょうか。
②発信源を探る──誰から（どこから）の情報？
　情報を受け取ったときには誰からの情報なのかを確認してください。その発信源がどこ

なのかでも情報の信頼性を考えることはできます。さらに情報は自分に伝わるまでの間に人が入れば入るほど，伝言ゲームのように編集・加工されていきます。現代のネットの情報もいろんな経路をたどって私たちのもとにやってきます。加工品の情報で判断するのではなく，できるだけ生の情報にアクセスするようにしましょう。

　さて，例題の情報の発信源を探ると藤川の授業を受けた「部活の先輩の知り合い」が「部活の先輩」に伝え，「部活の先輩」が「友達B」に伝え，そこからあなたに伝わってきたことがわかります。生の情報からずいぶんと距離がありますね。誰かわからない人からの情報で判断するのはちょっと怖いですね。

③事実と個人的な印象に分ける──それって事実？　個人の印象・意見？

　受け取った情報は事実と個人的な意見・印象に分けることも大事です。友達と話すときには事実だけではなく，意見や印象をつけて話すほうが楽しいですね。たとえば，「今日，男の人見た」と「今日，イケメン見た」と言われれば，どっちの話を聞きたいですか？このように情報のなかには個人的思い込みや発信者の印象が隠れている場合があります。

　情報を得るときには，事実と発信者の印象を分けて考えるとグッと事実に近寄ることができます。逆に言えばみなさんが発信するときには「事実」と「意見・印象」を分けて伝えると受け手はわかりやすくなりますね。

　例題を見てみましょう。「藤川先生の授業が楽」「テストは余裕でとれる」というのはこの情報源の「部活の先輩の知り合い」の印象です。その人には藤川の授業はそうだったのかもしれません。「部活の先輩の知り合い」がもともと授業内容にすごく興味があったかもしれないし，自主的に勉強していたのかもしれない。そういう人にとっては「楽」で「テストも余裕」かもしれません。はたしてあなたにも同じことが言えるでしょうか？

④一つの情報で判断しない──ほかの情報は？　伝えられていないことはない？

　人は情報を伝えるときには印象に残ったところや自分に関心があるところを切り取って伝えがちです。つまり，情報を受け取ったときに一つの情報で判断せず，ほかにも情報を集めることが大事です。そうすることで隠れた情報が見えてくる場合があります。

　ほかの情報を見つけるうえで重要なことは「自分の意思や信条を絶対視しない」ことです。これだけ情報がある現代には，自分が見ていて心地よい情報しか見ないということに陥りがちです。SNSでも自分の趣味に合う人や自分の考えに合う人ばかりをフォローしていませんか？　LINEでよく話すのは自分と話が合う人だけではないですか？　そういったつながりから提供されてくる情報だけ見ていて，はたして多様な情報に触れたと言えるでしょうか。あえて逆の立場の意見や，批判にも目を向ける心の余裕をもちましょう。

　例題は「部活の先輩の知り合い」1人だけからの情報です。もしかしたら，この先輩の言うようにテストは簡単かもしれません。しかし，毎回の授業に小テストがあるかもしれない。毎回宿題があるのかもしれない。「部活の先輩の知り合い」は伝えたのかもしれないけれど，伝わる過程で切り取られた部分があるのかもしれない。世の中には社会が得意な人・そうでない人，藤川の授業が好きな人・嫌いな人さまざまな人がいるはずです。人それぞれに藤川の授業のイメージはあるはずです。いろんな立場の人から情報を聞くこと

で，まわりの隠された部分が見えてきます。

　さあ，みなさんが情報を「正しく」受け取る際のポイントをお伝えしました。これらを意識すればみなさんも情報の波にのまれることなく，しっかりと情報と付き合うことができるはずです。この次は一つの情報が起こした実際の事件を①〜④で考えていきます。

ちょっと休憩に…「どっちの医者に手術を頼む？」

〈例題2〉

　みなさんが病気になって手術を受けなければならなくなったとしましょう。そこで2人の医者に相談することにしました。みなさんならどちらの医者に手術を頼みますか？

　　医者A「この手術は難しく，100人のうち15人が死亡します」
　　医者B「この手術は難しいですが，85％で成功します」

　おそらくみなさんは医者Bに頼むのではないでしょうか。でもよく考えてみてください。2人の医者が言っている情報の中身は同じですよね。このように伝え方や提示の仕方によって受け手の印象が変わる心理作用を「フレーミング効果」と言い，広告などによく利用されています。フレーミング効果を用いれば，まったく同じ情報でも受け手にまったく違う印象を与えることができるのです。つまり，そのメディアがどこにフォーカスをあてて発信したのか，そのメディアの伝え方や信条によって何か別のものが隠されていないかを考えることが大切です。そして情報の本質に迫るためには，同じ情報であってもさまざまなメディア媒体に触れることが重要なのです。そうすればだんだんとメディアの伝え方といったものもわかってきます。みなさんのまわりでも「フレーミング効果」の使用例を探してみてください。それは情報の本質に迫る大きな一歩かもしれません。

情報との付き合い方を学ぼう！── 応用・実践編

　──情報を受け取るポイントは全部チェックしないとだめですか？

　どれが重要になるかは事例によって変わってきます。このフィルターのいくつかをうまくすりぬけられることを2016年熊本地震の際に実際に投稿された一つのツイート（図表1）で考えてみましょう。

　このツイートが本当なら早く伝える必要がありますね。2万人もリツイートしています。あなたも拡散しますか？　さっき練習編で学んだポイントで一つひとつ考えていきましょう。

①時間に注意する──いつの情報？

　これは地震直後の投稿ですから，時期だけで判断してしまうと信頼性があるように見え

ます。もしかしたら，まだこの人以外つかんでいない
超新鮮な情報かもしれませんね。

②発信源を探る──誰から（どこから）の情報？

　これだけでは誰からの情報か詳しいことはわかりま
せん。最後に「熊本」とあるので，おそらく地震の
あった熊本なのだろうという予想ができます。住民が
投稿していたとなれば信頼性が高くなります。ただ，
公的機関のツイートではないことはわかります。本当
にライオンが逃げている場合には大問題です。どこか
いち早く公的機関から注意喚起のお知らせがあるはず
です。当時それは見当たりませんでした。

図表1　実際のツイート（約20,000RT）

③事実と個人的な印象に分ける──それって事実？　個人の印象・意見？

　これはどうでしょう。画像が添付されているので，より現実味があります。言葉ではな
く画像によってリアルさは増してきます。

④一つの情報で判断しない──ほかの情報はない？　伝えられていないことはない？

　ここではこの④がとくに重要です。当時検索してもこの画像以外のライオンの画像は見
当たりませんでした。これだけの情報社会です。本当にライオンが逃げていた場合に，
まったく同じ画像1枚だけしかツイートされないと考えられるでしょうか。

　さて，ここまで知ったうえでこのツイートをどう考えますか？　うまくフィルターをか
いくぐってきますね。①〜③だけで判断すると「早く教えてあげねば」とリツイートボタ
ンを押したくなります。実際にはこのツイートの内容はまったくのデマでした。添付され
ていた画像も加工されたものでした。しかし，このツイートが拡散したことによって動物
園には100件を超える電話が殺到したそうです。そして，最終的にはこの投稿をした人
は「偽計業務妨害」の罪で逮捕されました。

　──ウソの情報を書くと捕まることがあるのですね。気をつけます。

　そうですね。もちろんウソの情報を書くことはいけないことです。しかし，この問題で
の加害者はデマを投稿した人だけなのでしょうか。捕まってこそいませんが，この投稿を
リツイートで拡散した約2万の人たちは加害者ではないのでしょうか。拡散する行為は
簡単で，ワンクリック，ワンタップでできます。しかし，一度拡散してしまった内容を消
したり，訂正したりすることは非常に難しいのです。迷ったときや緊急時こそあわてずに
①〜④のフィルターを確認しましょう。落ち着いてどこかで「おや？」と思えば「ちょっ
と待ってみる」というのも重要な選択です。この問題もリツイートボタンを押す前に一人
ひとりがちょっと考えていれば，ちょっと調べていれば，2万人にリツイートされる前に
デマだと伝わっていれば，混乱は防げていたのかもしれないのです。

このように情報の真偽性を確かめる行為のことを「ファクトチェック」と言います。最近では政治家などの発言をさまざまなデータなどにもとづいてファクトチェックする団体もできています。ファクトチェックの基本は先に紹介した①～④です。みなさんも挑戦してみてはどうでしょう？

おわりに

　情報を「正しく」受け取る際の基本的な四つのポイントを紹介しました。難しかったですか？　確かに１人でこれらを瞬時に判断するのは難しいかもしれません。迷ったり，自分では判断する自信がないときは，情報を事実として拡散するのではなく，家族や友達と考える題材にしてください。そうすることでだんだんわかるようになります。

　皮肉なようですが，人と会わなくても（聞かなくても）情報が手に入る世の中だからこそ，友達同士の「ねえねえ，聞いて」の文化，人と人とのコミュニケーションが重要であると私は思います。ネットに情報を出す前に，友達が「それやばくない？」と言ってくれるだけでも誤情報や悪意のある情報の拡散は止まります。友達と「ねえねえ，聞いて」と話すなかで「私はこう思うけどな……」とか「え？　それ誰が言ってた？　いつの情報？」と言うだけでも独りよがりの情報に踊らされずに済みます。

　そういった人と人とのつながりこそが現代の情報社会やこれからの「Society 5.0」の世の中において重要なのかもしれませんね。

　さらにたくさんのつながりをもつことも簡単です。現代には情報を発信できるツールがたくさんあると最初に書きました。もしあなたがTwitterやFacebookをしているのであれば「＃未来の市民」でこの本の感想を書き込んでみてください。同じ本を読んでも違う意見があることに触れられるかもしれません（そのときには情報と付き合う際の四つのポイントを忘れずに）。これだけで君たちの世界は一気に広がります。

　情報の波にのまれ溺れるのではなく，情報の波にうまく乗ってサーフィンを楽しめるようになりましょう！

参考資料 --

　猪谷千香『その情報はどこから？──ネット時代の情報選別力』筑摩書房，2019年
　内閣府HP　Society5.0（2019年8月28日最終確認）
　下村健一『10代からの情報キャッチボール入門──使えるメディアリテラシー』岩波書店，2015年
　池上彰『情報を活かす力』PHPビジネス新書，2016年
　池上彰『わかりやすさの罠──池上流「知る力」の鍛え方』集英社新書，2019年
　立岩陽一郎・楊井人文『ファクトチェックとは何か』岩波ブックレット，2018年
　今度珠美・稲垣俊介『スマホ世代の子どものための　主体的・対話的で深い学びに向かう情報モラルの授業』日本標準，
　　2017年
　佐藤雅彦・菅俊一・高橋秀明『行動経済学まんが ヘンテコノミクス』マガジンハウス，2017年
　沼晃介『高校生が教わる「情報社会」の授業が3時間でわかる本』翔泳社，2017年

　　　　　　　　　　　　　　　　　　　　　　　　　　　　　　　　　　　　　（藤川　瞭）

9 賢い消費者になる

キーワード　18歳成人（成年），契約，マルチ商法，悪徳商法，未成年者取消権，親権，
消費者問題，企業の社会的責任，消費者市民社会

学校のなかでもマルチ商法が広がって……

　私は高校3年生。今日は18歳の誕生日。ふとスマホを見ると，去年卒業した先輩から着信が。「ひさしぶり！　ご飯いっしょに食べようよ」という誘い。さっそく近くのファミレスへ。話が進んでいくと，「特別にいい話があるんだ。これから受験だよね。受験用DVDセットを3万円で買わない？　ちょっと高いけど，1人紹介すれば1万円ゲットできるよ。3人紹介すれば簡単にもとがとれちゃう。会員を増やせば，どんどんもうかるよ」とのこと。尊敬している先輩の話なら，たぶんだいじょうぶだろう。これまでいろいろ面倒を見てくれたから断りづらいし。3万円くらいなら貯金があるな。部活が忙しくてバイトできないから，ちょっとしたバイト代わりにいいかも。受験用のDVDは勉強にも使えるし。そのうち買おうと思っていたから一石二鳥！　さっそく契約し，帰宅。次の日，学校で会員を増やすために教室で友達に声をかけ，勧誘。3人ゲット。その友達も会員を増やすために，ほかのクラスや部活，他校の友達にも声をかけ……。

　　──なんかありそう。これってマルチ商法とかいう悪徳商法の一つでしょ？　勧誘した
　　友達だって，ほかの友達に声をかけるわけだから，すぐに行きづまると思うけど。
　　断れない子は何人かの友人から声をかけられて，次々と契約しちゃったりするかも
　　しれないし……。でも，まだ高校生だからきっと助けてくれるんですよね？

　冷静に考えれば，危ない話だってわかるよね。でも，言葉巧みに誘われたら，その場で断るのはけっこう難しい。ポイントは18歳になってすぐ声をかけられていること。2022年4月から民法の成人年齢が20歳から18歳に引き下がるので，18歳は成人（民法では「成年」と記されていますが，以下「成人」と記します）です。つまり自分で自由に契約が結べる反面，法律で保護されなくなります。高校生だからといって特別扱いはなく，18歳になったら成人として扱われます。

18歳になって未成年者取消権と親権の対象から
はずれるとどうなる？

　未成年者は，契約を結んだ場合に不利益をこうむらないように法律で保護されていて，

法定代理人（親・親権者）の同意がなかったり，本人が結婚していないときには，契約を取り消すことができます（未成年者取消権）。

　消費者問題に詳しい中村新造弁護士によれば，未成年者取消権には，①未成年が違法・不当な契約を結んだとしても取消権を行使できるという機能（「後戻りのための橋」の機能）と，②あらかじめ未成年者を悪質業者の勧誘対象からはずす機能（「悪質業者からの防波堤」の機能）があるとしています。

　民法の成人年齢を引き下げると，18，19歳の若者は未成年者取消権を失うことになり，大人のマーケットへ参加することになります。そして，さっきの例のように学級内で18歳になった者が，クラスメイトが18歳になるのを待ってマルチ商法などに勧誘し，それが教師の知らないうちに広がる可能性は十分あります。また，自分でまとまったお金をもたない高校3年生がマルチ商法などの購入資金を借入金でまかなうことも予想され，借入の問題がいじめ問題とつながる可能性も指摘されています。

　――18歳になると保護者の同意がなくても自分の意思で自由に契約が結べ，お金を借りることもできちゃうわけですね。もし，学校のなかでマルチ商法が広がったら，人間関係も壊れていくかも……。

若者が悪徳業者のターゲットに

　ほかにも18歳に成人年齢が引き下がることには問題があるようです。全国消費生活相談員協会の清水かほる氏は，次のように指摘しています。第1に若年層は社会的経験が少なく，交渉力もなく，高齢者と同様に悪質業者のターゲットとされていること。第2にインターネット広告やSNSなどさまざまなアプローチがされている状況で，トラブルに巻き込まれていること。第3に事前に調べる，契約書の内容を確認するなどの冷静さや，契約当事者としての責任などの自覚が不十分であること。第4にトラブルになった際の対処法を知らず，相談できずにかかえこむ，あるいは，お金を払って終わりにする場合も多く見られること。このように，高校生が18歳になったからといって，大人のマーケットに消費者として飛び込んでいくには，あまりにも知らないことが多く，経験も少ないので危険な面があるのです。

　図表1は，若年層に多い相談内容です。20代前半になると相談件数が増えています。これが，10代後半から増えていくことが予想されます。

　――確かに，このまま，18歳で成人として扱われるのは心配です。よくわからないうちに消費者トラブルに巻き込まれてしまうかも……。

図表1　若者の商品・サービス別上位相談件数（2018年）

男 性					
15～19歳		20～24歳		25～29歳	
件数	6,276	件数	16,394	件数	15,439
1 アダルト情報サイト	582	賃貸アパート	1,131	賃貸アパート	1,525
2 デジタルコンテンツ（全般）	411	フリーローン・サラ金	868	フリーローン・サラ金	968
3 オンラインゲーム	366	デジタルコンテンツ（全般）	788	商品一般	658
4 他のデジタルコンテンツ	290	商品一般	747	デジタルコンテンツ（全般）	642
5 商品一般	265	他のデジタルコンテンツ	706	他のデジタルコンテンツ	537
6 出会い系サイト	204	出会い系サイト	565	普通・小型自動車	495
7 テレビ放送サービス（全般）	201	普通・小型自動車	539	光ファイバー	379
8 運動靴	171	他の内職・副業	455	携帯電話サービス	370
9 賃貸アパート	144	アダルト情報サイト	429	出会い系サイト	311
10 普通・小型自動車	108	光ファイバー	352	アダルト情報サイト	286

女 性					
15～19歳		20～24歳		25～29歳	
件数	6,285	件数	19,813	件数	17,617
1 他の健康食品	621	賃貸アパート	1,245	賃貸アパート	1,709
2 デジタルコンテンツ（全般）	460	脱毛エステ	1,174	デジタルコンテンツ（全般）	885
3 アダルト情報サイト	373	デジタルコンテンツ（全般）	1,161	商品一般	818
4 他のデジタルコンテンツ	312	出会い系サイト	998	他のデジタルコンテンツ	678
5 商品一般	299	他のデジタルコンテンツ	932	出会い系サイト	537
6 コンサート	175	商品一般	775	脱毛エステ	501
7 酵素食品	163	他の内職・副業	583	フリーローン・サラ金	414
8 出会い系サイト	159	他の健康食品	562	他の健康食品	389
9 賃貸アパート	153	アダルト情報サイト	474	携帯電話サービス	316
10 脱毛エステ	140	フリーローン・サラ金	396	結婚式	316

　：デジタルコンテンツ　　　：一人暮らしがきっかけとなり得るもの
　：借金に関するもの　　　：自動車に関するもの　　　：美容に関するもの

備考）1．PIO-NETに登録された消費生活相談情報（2019年3月31日までの登録分）。
　　　2．品目は商品キーワード（小分類）。
出所）「平成30年版消費者白書」消費者庁ホームページ。

消費者トラブルに巻き込まれた人が悪いの？

　中学校の家庭科や社会科の教科書を見ると，契約（売買契約）の基礎知識，消費者の健康被害，欠陥商品によるケガ，詐欺などのさまざまな消費者問題が紹介されています。これに対しては，消費者運動による商品の改善，クーリング・オフ，製造物責任法（PL法），

消費者基本法といった法律や制度がつくられ，消費者庁や消費生活センターが設置されるなど，消費者を守るしくみが整えられてきたことがわかります。

それだけでなく，私たち自身，自立した消費者として知識や情報の収集と的確な判断力をもつこと，環境に配慮した消費行動をとることも大切だと指摘しています。そして，国は消費者市民社会の実現をめざして，消費者教育の推進に関する法律をつくり，ライフステージに応じた消費者教育を進めています。つまり，すでに中学校までに，自立した消費者になるための基本的な知識は学んできているはずなんです。ここでおさらいしてみましょう。たとえばクーリング・オフは，一定の期間内であれば無条件で契約解除できる制度（クーリング・オフができないものもあるので注意！）です。

――こんなにたくさんの法律や制度を全部覚えたり，理解したりするのは無理です。トラブルに巻き込まれたくはないけれど。

そうですね，もちろん消費者としてたくさんのことを学んで，トラブルなく消費生活を送ることができればハッピーですが，そんなに簡単にいかないこともあります。たとえば，外国産を国産と表示する食材偽装問題やマルチ商法などのさまざまな悪徳商法の被害は，企業と消費者に情報量や交渉力などの圧倒的な差があるために起こります。ネットを使った新しい手口が次々と出てきていて，消費者がいくら注意してもウソの情報を見破るのは困難でしょう。どんなに勉強しても，消費者トラブルに巻き込まれることもあるでしょう。そんなときに自分が悪い，自分が契約についての知識・注意力ともにたりなかったなど，自分を責めてしまうだけでは，消費者問題は解決しません。

――どうしたらいいんですか？

多 様 な 立 場 か ら 消 費 者 問 題 を 考 え て み よ う

消費生活アドバイザーの古谷由紀子氏は，消費者市民社会の実現に向けて，消費者，行政，企業，消費者団体にそれぞれの役割があるとしています。これまでみなさんは，家庭科や社会科で，消費者，消費者団体，行政の役割について学んできたと思います。では，企業の活動によって生じた，欠陥商品の販売，食材偽装，悪徳商法などの消費者問題に対して，企業がどんな役割を果たし，具体的な対策を行うべきなのかという点についてはどうでしょうか。

――消費者問題でも企業に責任があるんだろう，とは思いますけれど，具体的にと言うと難しいです。

消費者問題への対策も企業の重要な社会的責任の一つ

　この点は教科書でもほとんど触れられていないので，難しいですよね。社会科の教科書には，地域貢献や環境保全などの取り組みについて書かれています。確かに企業が環境保全との関連で商品を開発するのは大切なことです。ですが，環境保全を前面に出すことで，消費者の安全が背後に隠れてしまえば，製品による事故などの消費者問題は解決しません。ですから，企業の社会的責任として，消費者問題への対策と，地域貢献や環境保全に向けた取り組みをともに進めていく必要がある，と言えます。

　そして消費者がエコ商品など環境に配慮した商品を積極的に買うことで，企業もさらに環境に配慮した生産を行ったり，商品を開発したりする必要に迫られ，それが広がって社会全体を変えていくことにつながります。

　加えて，地域貢献や環境対策だけでなく，消費者問題の解決を企業の社会的責任の一つとして重要視していくことで，消費者市民社会の実現の方向が見えてきます。

　企業が行うべき具体策を考えてみると，製品の表示については，使い方によって生じる可能性のあるケガの危険性も書く，うその内容の表示をしないように企業内や外部機関がチェックする，商品の欠陥によるリコールは問題が拡大する前に公表して被害を防ぐ，などが考えられそうです。

困ったときは近くの消費生活センターへＧＯ！

　企業の社会的責任について見てきましたが，被害者にならないために，私たちが気をつけるべきことを，あらためて確認しておきたいと思います。

　賢い消費者になるために，まずは自分自身が契約を結ぶ前に，よく考える必要があります。消費者トラブルは，安易に契約を結んでしまう消費者側に問題がある場合もあります。

　まずは，「おいしい話」に簡単に乗らないことです。商品の売買などの契約を結んだ場合には，消費者にはその契約を守る義務が生じます。仮に法律や制度を使って契約を取り消せても，払ってしまったお金が全額返ってくるとは限らないことは知っておくべきです。

　とは言っても，「だまされたあなたが悪い」と被害者を責めたり，自分が被害にあったときに泣き寝入りしていては，問題は解決しません。

　もしも，消費者問題に巻き込まれてしまったときは，なるべく早く自分が住んでいる家の近くの消費生活センターに相談することです。クーリング・オフや製造物責任法（PL法）について知っていることは大切ですが，制度や法律の細かい内容や手続きの仕方まで完璧に学ぶ必要はありません。トラブルの解決に向けて専門家から専門的なアドバイスをもらえばいいのです。また，消費者庁や国民生活センターのホームページには，商品の使用における事故の事例などが紹介されていますので，自分で情報を収集するのも有効です。

──専門的な知識をすべてもっておくのは無理だと思っていたので，少し気が楽になりました。

消費者問題をより広い視野で考えてみる

　被害者にならない，というだけでなく，これまでの自分の消費を見直すことも大切です。商品を買う，使うことを通じて，持続可能な社会をつくることに貢献していると考えるとカッコイイですよ。

　　──ペットボトルの商品を買うのを減らしたり，使えるものを再利用したり，ごみの分別をしっかりすることとかですか？

　そうですね，消費者として日々の生活のなかで何ができるか考えて実践してほしいと思います。ただ，消費者の個人的努力では限界がある問題なので，消費者以外のさまざまな機関が取り組むべき課題を考えることも重要でしょう。

　たとえば，国や地方公共団体は高齢者や若年層を保護するための新たな法や制度をつくること，事故が起きている商品はなるべく早く公表すること，消費生活センターなどの相談機関の機能を強化すること，などがあげられます。

　また消費者団体は，消費者から商品の情報を集めて消費者に提供する，ケガの発生など危険な商品の情報は行政や企業，消費者に報告するなどが考えられます。

　そして企業は，社会的責任として消費者問題の解決に向けた対策，正しい商品の表示，環境に配慮した商品の開発，販売などに取り組んでほしいと思います。

　消費者の自立を支えるために，消費者，行政，消費者団体，企業それぞれがどのような役割を果たし，具体策を行えば，消費者市民社会をつくることができるのかをみんなで考えていきましょう。

参考文献 --
　清水かほる「シンポジウム『民法の成年年齢ホントに引き下げて大丈夫？』に参加して」『消費者法ニュース』NO.115,
　　2018年4月
　中村新造「議論のススメ『民法の成年年齢引下げ』をみんなで考えるためのガイドマップ」『消費者法ニュース』NO.115,
　　2018年4月
　日本弁護士連合会消費者問題対策委員会『お買い物で世界を変える』岩波書店，2016年
　古谷由紀子『現代の消費者主権──消費者は消費者市民社会の主役となれるか』芙蓉書房，2017年

（野嵜雄太）

18歳で成人になる
―― 「大人」としての権利と責任を考える

キーワード　積極的な社会参加，18歳成人は世界標準，親権，契約，自立した市民

　みなさんは，これまで20歳だった成人年齢が，2022年4月1日から18歳になること
は知っていますよね。でも，高校3年生になって誕生日を迎えたら「大人」の仲間入り
をする，と言われて，ピンときますか？

　――う～ん，なんか実感わきません。

　そうでしょうね。あとで詳しく見ますが，実際，18歳成人に反対する若者（18～20歳）
は，多数をしめています。それにもかかわらず，18歳を成人とすることは世界的には標
準で妥当だ，あるいは，よいことだとして，2018年に国会で決まったのです。
　なお，今まで，「成人」という言葉を説明なしに使ってきました。成人には，精神的・
身体的・経済的に自立した人＝「大人」を意味することもありますが，ここではとりわ
け，1人で法的な行為ができる（これも，あとで説明します）年齢のことを意味しています。
　なぜ18歳を成人とすることにしたのか，18歳になったとき，みなさんに何が期待され
ているのか，一緒に考えてみましょう。

なぜ，18歳が成人に

　まず，なぜ18歳を成人とすることにしたのか，国の説明を見てみましょう。法務省の
ホームページに，成人年齢を18歳に引き下げた理由が次のように示されています。

　　　憲法改正国民投票法の投票権年齢や公職選挙法の選挙権年齢が18歳と定められ，
　　国政上，重要な事項の判断に関して，18歳，19歳を大人として扱うという政策が進
　　められてきた。こうした政策を踏まえ，市民生活に関する民法でも18歳以上を大人
　　として扱うのが当然ではないかという議論が起こった。18歳に引き下げることで，
　　積極的な社会参加を促すと考えた。

　確かに近年，2014年には憲法改正の国民投票で投票する権利が18歳以上になり，
2016年7月の参議院選挙から18歳以上に選挙権が与えられるなどの法改正がありまし
た。

それをふまえて，18歳以上の人たちには，「国の政治に関する重要な判断をしてもらう」「積極的な社会参加をしてほしい」ということが期待されているのです。

　そう言われても戸惑う人も多いでしょう。重要な決定などできないし，まだしたくない，と思う人や，決定にかかわったら，結果にも責任を負わないといけないと心配する人もいるでしょう。そんなことを勝手に決めないでほしいと，考える人もいますね。

　ある新聞の世論調査では，「18歳成人に賛成か反対か」を聞いたところ，20歳以上では賛成が45％，反対が54％，18歳と19歳では，賛成が35％，反対が64％と，反対がかなり多い結果が出ました。調査から，多くの当事者は成人になることを望んでいないのがわかります。そのおもな理由は，「経済的に自立していない」「大人としての自覚を持つとは思えない」ということでした

いつから20歳が成人と決まったのか

　では，これまで当たり前とされていた20歳成人は，誰がいつ決めたのでしょうか。

　近代の日本で成人年齢を初めて規定したのは，1876（明治9）年の太政官布告第41号です。この布告に「自今満弐拾年ヲ以テ丁年ト相定候」とあります。丁年とは成人という意味です。その20年後，1896（明治29）年に制定された民法3条に，「満二十年ヲ以テ成年トス」とあります。当時の日本人の成熟度や，判断能力などから総合的に判断し，成人年齢が決められたようです。

　このとき，欧米諸国の成人年齢は21歳がフランス，ロシア，ドイツ，イタリア，22歳がイギリス，アメリカ，23歳がオーストリア，25歳がスペイン，ポルトガルと，バラつきがありました。欧米諸国で20歳成人の国がないなかで，20歳を成人にした日本は，先進的な国だったかもしれません。

　──140年以上も前に決められたものなんですね，ちょっと驚きです。

　確かにそうですね。なお，この明治民法は，戦後になって改定されたのですが，20歳成人は変更されませんでした。

　ただ，日本の法律をよく見ていくと，「大人」として扱われる年齢には18歳と20歳の二つの基準があることがわかります。児童福祉法，労働基準法，公職選挙法（2015年改正），憲法改正の国民投票法は18歳で，少年法，未成年者飲酒禁止法，未成年者喫煙禁止法は20歳です。少年法が20歳を成人とする理由は，未成年者に刑罰を与えるより保護するほうが更正する可能性が高いと考えたからです。未成年者飲酒禁止法と未成年者喫煙禁止法は，健康への悪い影響と非行の防止を考慮しています。

　法律によって基準となる年齢が異なるのは混乱するから，年齢をそろえたほうがよいという意見もありましたが，結局，変更はされませんでした。

外国では何歳で成人？

少し前に，明治時代には日本よりもヨーロッパ諸国のほうが成人年齢は高かったと紹介しました。では今，世界の成人年齢がどういう状況か知っていますか。

図表1は，ヨーロッパを中心に35の先進国が加盟するOECD（Organization for Economic Cooperation and Development　経済開発協力機構）諸国の成人に達する年齢です（2019年現在）。20歳が日本とニュージーランド，19歳が韓国，残り32か国は18歳です。18歳成人が，世界標準であることがわかります。先に紹介したように，現在，18歳成人の国もかつては21歳から25歳と幅がありました。それが，どのように18歳成人となってきたかイギリス，ドイツ，アメリカを例に見てみましょう。

図表1　OECDに加盟する国の成人年齢

18歳成人の国	20歳成人の国
アイスランド　アメリカ イギリス　イタリア オランダ　カナダ ドイツ　ハンガリー フランス　ベルギー ポーランド　メキシコ等	日本 ニュージーランド
	19歳成人の国
	韓国

イギリス政府は1965年7月に「成人年齢に関する委員会」を設置し，1967年7月に21歳から18歳に引き下げることが妥当としました。青少年に大人としての責任を付与することが，彼らの責任感を養う手段として有効だ，と考えられたからです。2年後の1969年には，18歳はすでに肉体的に成熟し，多くが大人として責任ある行動をとっている，兵役に服し，飲酒，車やバイクの運転ができるなどの理由で，選挙権年齢と成人年齢を21歳から18歳に引き下げました。

東西統一前の旧西ドイツは1970年に選挙権年齢を18歳に引き下げ，1974年には成人年齢を18歳（改正前は21歳）に引き下げました。理由は18歳から21歳は，政治的関心や知識があり自立していること，18歳で徴兵の義務があり，成人と同じ義務を果たし責任を負っていることでした。

アメリカは州によって成人年齢が異なります。たとえばミシガン州は改正前21歳が成人でしたが，18歳で徴兵の義務を果たしていること，すでに働き，家を所有している者が多いことなどから，大人としての権利と責任を認めるべきという風潮が生まれ，1972年に実現しました。

こう見てくると，なぜ，日本で成人年齢がずっと20歳のままだったのか，不思議だと思いませんか？

18歳成人で，何が変わるか

さて，成人になると大きく変わることが二つあります。一つは契約を自由に結べるこ

と，もう一つは親権（未成年の子の養育や教育，財産の管理，住む場所を指定する権限）がはずれることです。

　——契約を結ぶなんて，なんか大変そうです。

　この前の節（9　賢い消費者になる）でも学びましたが，売買契約など，すでにみなさんが身近に接している契約もあります。たとえば，スマホを購入する意思を示し，代金を支払えばスマホを受け取る権利が発生して，代金を受け取ったほうは，スマホを引き渡す義務が生じます。これは日常的に行われている売買契約です。

　ただし未成年が契約を結ぶ場合は，法定代理人（親権者，親）の同意が必要とされています。このため，未成年がクレジットカードをつくったり，ローンを組んでパソコンを購入しようとしても，法定代理人の許可がないと無効になるのです。

　これは，金銭トラブルなどから未成年者を保護するために定められていることですが，成人になるとその保護がなくなります。そのために，悪徳業者から高価な品物を購入させられた，買う意思がなかったのに巧みな言葉に騙されて，ついつい買ってしまったなどのトラブルにあう危険が生じやすくなります。

　この対策として，学校ではこれまで以上に，消費者教育を行う予定でいます。みなさんも公民科や家庭科，ロングホームルームなどで，クーリング・オフ制度の説明やトラブル時の相談窓口を紹介するパンフレットを使った授業を受けるでしょうから，自分の身を守る知識を身につけてほしいと思います。

　次に，もう一つの大きな変化，親権に服す義務がなくなるとは，どういうことか見ていきましょう。

　成人は自分自身の財産を自分で管理し，どこに住むかも自己決定できます。どこに進学するか，どんな職業に就くかなども自由に決められます。

　親権者に養育の義務がなくなると，経済的な支援を受けられなくなり，困ると考えた人もいるでしょう。しかし，現在でも，20歳以上の成人で教育費や生活費の面倒を見てもらっている人はいます。経済的に自立できなければ，年齢に関係なく，親や兄弟・親戚，また国や社会の援助が必要なのは当然です。

　そのほかに10年有効のパスポートの取得や，公認会計士や司法書士といった国家資格にもとづく職業に就くこと，性別変更の審判を受けることなどが18歳から可能になります。

　一方で，結婚年齢は女性が16歳から18歳に引き上げられ，男女とも18歳になり，親の同意がなくても「両性の合意のみによって」結婚できるようになります。

　これまで，未成年者で結婚できる年齢に男女差があったことを知っていましたか？　なぜ，そうだったのか，どうして同じになったのか，話し合ってみてください。

18 歳 成 人 に 対 す る 意 見

　成人を18歳にするか，20歳のままで変えないでおくか，改定までには，いろいろな意見が出されました。代表的な意見を見てみましょう。

　18歳成人に反対という意見の一つ目は，引き下げると消費者被害にあう若者が増えるというものです。今では携帯電話やインターネットで商品を購入したり，サービスを受けるのは普通のことですね。成人として自由に契約できれば，これまで以上に消費者被害が発生するという心配の声が出ています。また，被害防止のための消費者教育が不十分なことから，まず，消費者教育をしっかりと実施してから引き下げたほうがよいという意見もあります。

　——危ないサイトにひっかかって若者が被害にあっているとか，よく聞きます。

　なるほど。では，みなさんも，やはり若者のほうが消費者被害を受けていると思いますか。

　図表2を見てください。消費者庁の調査（2017年）では相談件数が最も多いのは，60歳代で17.6％，次いで50歳代で15.3％です。20歳未満は2％に達しません。被害を受けているのは，60歳代と50歳代が多いのです。この数値からすると，60歳代と50歳代こそ，消費者教育を受けねばならないことになりますよね。もちろん，学校で消費者教育が十分に行われていると言っているわけでも，2％ならば問題ないと言っているわけでもありません。

図表2　消費生活相談の属性（2017年）

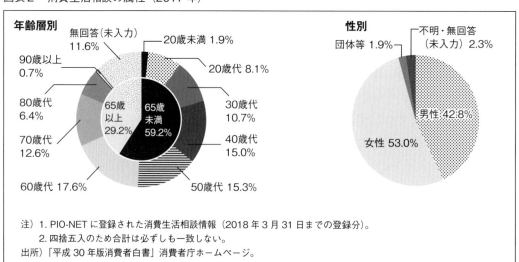

つまり，消費者被害への対策として重要なことは，売買契約を結ぶ前によく考えて，安易に契約を結ばないということです。これは年齢に関係なく必要な態度です。

　反対の二つ目は，親権がはずれることで，保護者が子どもを監護および教育する権利と

義務が消失するため，生活や学習などに課題のある生徒への指導が困難になるという意見です。授業料や学校徴収金を保護者に依存している生徒は，学校を退学する恐れが出てくると心配しています。

　みなさんは定時制高校には，成人が在学していることは知っていますか。定時制高校では20歳以上の生徒にも「赤点」指導を行い，未納金があれば督促を本人と保証人に行っています。また，大学，短大，専門学校にも成人が在学しますが，これらの学校で，保護者の協力が得られなくて困っているという話は聞いたことはありません。在学しているかぎり，生活や学習に問題があれば，まず本人を指導し，さらに保護者や保証人に協力をあおぐようにしています。

　次に18歳成人に賛成する意見を見ていきましょう。すでに法務省の引き下げ理由は紹介しましたね。法務省は18歳成人によって，「積極的な社会参加を促す」という考えです。そのほかに，働いている10代後半の若者たちは，成人と同様に社会生活を営み納税の義務を果たしているのに，自由に家を借りられず，携帯電話の契約も親権者の同意が必要なのはおかしいという意見，国際的にも先進国では18歳を成人年齢としているので，国際社会に適合するように法制度を整備する必要があるという意見などがあります。

自立した市民になるために必要なこと

　成人になるのはもうすぐです。「18歳だから成人」と考えるのではなく，「成人＝自立した市民」と考えてください。第2章は，みなさんが，自立した市民になるために知ってほしいことを取り上げました。もちろん，これ以外にも政治や経済，社会で知っておいたほうがよいことはたくさんあります。この章から刺激を受けてもっと知りたいと思ったら，自分自身で調べたり，友人や先生，まわりの大人に質問してください。友人や先生と話し合うのもいいでしょう。一つの情報（SNSに書いてあったこと，友人から聞いた話）だけを信じないで，いろいろ自分自身で調べることが大事です。

　自立した市民とは，自分自身の頭で考え，判断できる人のことです。みなさんが，そういう市民になってほしいと思います。

参考文献 --

田中治彦『18歳成人社会ハンドブック』明石書店，2018年
消費者庁のHP https://www.caa.go.jp/policies/policy/consumer_research/white_paper/2018/white_paper_108.html#m01
法務省民事局参事官室のパンフ「2022年4月1日から，成人年齢は18歳になります」2019年2月

（菅澤康雄）

第 3 章

持続可能な社会を主体的につくる

1 地域の政治的な問題に取り組んでみる

キーワード　市民，地方自治，地方議会，模擬請願，地域課題研究

社 会 に 参 加 す る 作 法 を 学 ぼ う !

　高校生になると，小学校のときにしていたように地域を学習の場とすることはほとんどありませんよね。生まれたところ，小学生時代を過ごしたところは故郷になります。必ずしもその近くで仕事に就いたり，生活をするとは限りませんが，地元の課題を知ることは，社会に参加してゆく第一歩になります。まず，その地域の課題を見つけ，考えてみることから大人（市民）の入り口に立ってみましょう。

　どうです。何から始めたらよいでしょうか。ちょっと考えてみてください。

　──ボランティアかな。でも災害が起きたわけじゃないし……。

　ボランティア活動は大事ですよね。自分が地域のために何らかの活動に参加し役に立った経験は，大人になって地域を支える側になったときに，大きな力となります。ボランティアではありませんが，たとえば，ドイツのベルリン市では，公園をつくるときにその地域の小学生にどんな遊具が必要か聞くしくみがあります。こうした経験が，市民として積極的に社会に参加する土壌を育むわけですね。

　──でもどうやって，始めたらいいんだろう？

地 域 課 題 調 査 を 始 め る

　まず，地域に出かけて行って，その地域の課題を探してみましょう。調査をするのは，自分の住んでいる地域か，自分の学校のある地域のどちらかにします。最初に，5〜6人でプロジェクトチームをつくります。そして，1.ごみ／環境問題，2.観光，3.農業振興，4.交通，5.教育，6.福祉（高齢者，児童／保育，障害者）などの分野を選びます。

　次に，チームで調査を行うのですが，調査対象は，分野ごとに異なるⒶと，どの分野でも共通のⒷの両方が必要です。

　Ⓐは，2の観光であれば観光協会，3の農業振興であれば農協，4の交通であればバス会社，1のごみ／環境問題，5の教育，6の福祉であれば市役所など，それぞれの分野に取り組んでいる組織・団体です。

Ⓑは，その市に住んでいる市民です。複数の人にインタビューを行いましょう。居住年数の少ない人は，あまり地域のことを知らない可能性があるので，居住年数をたずねるといいかもしれません。

Ⓐ，Ⓑいずれにも，その分野ごとに「地域がかかえる課題」をインタビューします。自分たちなりに課題を予想して，それについて意見を聞いてみることも大事です。一定期間インタビューを行ったら，チームごとに各分野の課題をまとめてみましょう。

市 役 所 ， 団 体 を 訪 問 す る 際 の 注 意 事 項

市役所などの公的な機関や公益法人，あるいは地元の民間企業も地域を支える存在です。いずれも市民の声を聞きながら仕事をしています。

したがって，それぞれ忙しいとはいえ，事前にアポ（予約）をすれば，インタビュー，ヒアリングを受けてもらえる可能性は高いです。突然訪問するのではなく，訪問の主旨や質問内容を事前に伝えながら，訪れる日を第3候補まで言って選んでもらいましょう。

訪問時と訪問後にはお礼を忘れずに言いましょう。インタビューの際は，質問項目を書いたメモ用紙にメモをとり，許可を得られれば録音するとよいでしょう。先方に関連するデータ資料を提供してもらえるかたずね，可能だったらもらってきましょう。後日，チームでまとめたプレゼン資料を届けて，報告できたらよりいいですね。

——次は，どうしたらいいんでしょう？　課題が見つかったとしても，どうやったら解決できるかは簡単じゃないですよね。

観 光 を 例 に 考 え よ う

そうですね。抽象的に考えても具体策は見えてこないでしょうから，R高校がある市の観光の課題を例に考えてみましょう。この市は，平安時代からあるお寺を中心に発達した大きな市です。観光客がけっこう来ています。

チームでは，まず，市の観光の課題は何か，ポストイットにいろいろアイデアを書き出していき，「観光客のリピーターを増やす」ことに課題をしぼりました。そして，そこそこ観光客が集まっている他市の観光協会や，地域にかかわっているNPOのホームページなどを探して，どんな観光政策をもっているか，自分の市と比較するためにインターネットで調べてみました。近い街であれば直接訪ね，観光協会や観光客にインタビューしました。ほかの街と比べることは，自分の市の強みと課題解決のヒントの発見に役立ちます。

チームで行った観光協会へのインタビューから，リピーターを増やす方法が見えてきました。伝統のあるお寺や，有名な庭があるだけでリピーターが増えるわけではなく工夫が必要です。チームがつかんだアイデアは，観るものを増やすこと，観光客の滞在時間を長くさせるためのイベント施設の設置，体験型の観光ツアーの企画，観光インフラでたりな

いものを探して整備すること，観光客の街歩きの利便性を増やすこと，おみやげの工夫などです。さらに，集客のターゲットを外国人や若者など，どこにおくべきかも議論しました。

——ずいぶん本格的ですね。私たちには無理かも。

街（地域社会）の願いを見つけよう

　いえいえ，そんなことありません。地域はさまざまな課題をもっています。バスが不便でお年寄りが買い物に行きづらかったり，保育所に子どもを預けるのに苦労していたり，農業の後継者がいなかったりと，インタビューをすることでそれぞれの課題が見えてきます。そして個人的な願いであっても，実はそれが共通性の高い（公共性の高い）地域の課題であることがわかれば，その対策を考えてゆくきっかけになります。チームで，ほかの地域の施策を調べていくことで，自分の住む街の課題を見つけることもよくあります。

　たとえば，子どもの医療費の補助を中学校までやっている市／やっていない市，中学生の給食がある市／ない市，安価なコミュニティバスが多く走っている市／ない市，行政によってそれぞれに取り組みが違います。それは，財政規模が違う場合もあるでしょうが，その地域の願いや人口構成が違うことが影響している場合もあるでしょう。

　地域の人たちや行政などにインタビューをして課題を探りながら，他の地域の施策を調べるなどの情報収集をして，さらに行政や市民に話を聞きに行くといった活動を続けるなかで，自分たちの地域の人たちの願いは見えてくるはずです。それがわかれば，実現に向けた政策を考えることはそう難しくはありません。

——政策づくりのポイントは何でしょうか？

政策の立案をしてみる

　たとえば，例にあげた市では，「観光客のリピーターを増やす」が課題なので，

1．地域の強みを生かしたお茶ミュージアム（展示）の建設

　　（お茶が名産だが，お寺の近くに，茶道を体験できるミュージアムがないのはもったいない）

2．観光客をもてなす多言語の看板を多く設定する

　　（現在の観光客用の看板は英語と中国語・韓国語くらいで数も少ないので，さらなるインバウンド，観光客の増加を図るため）

3．外国人の泊まれるホテルの誘致

　　（観光客数に比べて，宿泊ホテルの宿泊数がたりないことがわかったので，それを解消するために）

図表1　地域の課題を調べ，考える

出所）筆者提供。

　このようにフィールドワークのインタビュー調査に裏づけられた根拠ある提案をつくってみると，大人もその提案を取り上げ実現してみようと考えます。

　この提案をより実現に近づけるためには，企画書をつくったりプレゼン用のパワーポイントをつくる必要があります。その際，以下の点は必ず盛り込みましょう。

　①地域の願い（インタビューの声，市役所などの調査データ），②それを実現する方法，③他市の同様の取り組み，（可能ならば，④財政的にいくらかかるかの見込み）。その取り組みに高校生自身が協力できることがあれば，提案の受けとめがよくなりますし，自分たちで街をつくっていく自信にもつながります。

　──いい案ができても，行政や関係する組織の人たちは聞いてくれるのかな？

地 域 課 題 解 決 の 提 案 の 場 探 し

　まずは，インタビューを受けてくれた行政や関係機関の人たちに相談してみましょう。

　突然出かけて行っても時間をとってもらうことはできませんので，インタビューのときと同じように，アポをとってから訪問します。提案を聞く義務が，公務員以外はありませんが，君たちの熱意があれば可能性はあります。大変ですが，先生の協力も得て地域課題解決のプレゼン発表会を開き，学校に招待するというチャレンジをしてもよいでしょう。

　「観光の課題」のプレゼン提案先を想定してみましょう。

1．地域の強みを生かしたお茶ミュージアム（展示）の建設
　　製茶販売の業者組合，市役所，市議会

2．観光客をもてなす多言語の看板を多く設定する

観光協会，旅館業界，商店街組合，市役所，市議会

3．外国人の泊まれるホテルの誘致
　観光協会，旅館業界，市役所，市議会
（権限によっては，県庁，県議会もかかわります）

模擬請願って何？

　地域の課題は，市（町村）議会，県（都，府，道）議会で議論されます。地方のことは，地方で決める，役所の税金の公的な使い道を決めるのが議会です。

　そして，請願権は，すべての（外国人も含む）市民にあります。自分たちの街の願いを議会に提案し，聞いてもらうことが日本国憲法で認められているのです。日本の選挙制度では，まだ外国人に門戸を開いて（地方参政権と言います）いませんが，請願権は誰にでも認められています。

　したがって，みなさんが立案した地域政策の課題は議会に模擬請願できます。模擬請願は請願のしくみを借りた，主権者教育の一環として認められていることです。その場合，学校の先生と議会事務局が，請願の形式をとりながら，地方議員と懇談する場をつくります。議会によっては，年4回（多くは，3月，6月，9月，12月）行われる地方議会の請願審議に混ぜて取り扱ってくれることもあり，それを要求することも可能です。ただ，議会事務局が忙しいために，主権者教育にどれくらい付き合ってくれるかは，行政によります。また，陳情という形式もあり，請願のように権利保障されてはいませんが，議会や行政に提出することもできます。

　議会事務局を通して，各党やグループの議員に提案して検討してもらい，賛意が得られれば議会に提案してもらえることもあります。できれば，プレゼン提案説明会を行ったり，提案企画書を直接渡して，懇談するのがよいでしょう。これらは，すべての党派・グループに向けて行うのがベストです。

　──役所の人に請願はできないのですか？

　請願は，市長，各部局（課）でも可能です。課の都合のいい日に予約（アポ）をとれば，話を聞いてもらえる可能性があります。

　──すごい！　直接，地域の願いを届ける方法があるんですね。

　そうです。大人になって政治にかかわるのは，選挙に行くだけではありません。地域の課題を見つけ，汗をかいて情報を集め人や組織と相談することで，その地域の願いを公に実現してゆくことも，とても重要な政治的行為です。また，大人（市民）になるための大

切な行動なのです。「公共」とは，そのような市民に育つための知識や方法を身につけることを目的にしている授業科目であると言えます。

　地域課題研究や模擬請願は，地域の願いを発見しそれを提案にまでつくりあげ，関係機関に届けるという，市民社会の担い手になるきっかけを与えてくれる取り組みです。ぜひみなさんもチャレンジしてください。

参考文献 --
『私たちが拓く日本の未来』総務省・文科省副読本
橋本康弘・藤井剛監修『18歳からの授業 Live 政治参加』清水書院，2017 年
和井田清司ほか編著『中等社会科 100 テーマ』三恵社，2019 年

（杉浦真理）

2 沖縄から日本・世界を見る
——日米安保と米軍基地について考えよう

キーワード　普天間飛行場（基地），辺野古の新基地建設，日米安保条約，地位協定，抑止力

沖 縄 の 高 校 生 は よ び か け る

　沖縄修学旅行が近づいてきました。今日は，沖縄の基地問題について学習しましょう。今沖縄ではどんなことが問題になっていますか。

　　——女性が米兵に暴行を受けたという事件，辺野古に基地をつくるっていう話。それから騒音。

　そうですね。那覇市内からバスで北上すると，普天間基地，キャンプ瑞慶覧，嘉手納基地と米軍基地の金網が続きます。「基地のなかの沖縄」と言われる景色です。沖縄本島では面積の 14.6％を米軍基地がしめています。日本にある米軍専用施設面積の 70％が沖縄に集中しています。

　少し前になりますが，2010 年 4 月に行われた沖縄の県民大会で普天間高校 3 年の女子高校生が次のように発言しました。

図表 1　市のほぼ中央部にある普天間飛行場

出所）宜野湾市提供。

　「厚さ 6 センチの窓。その窓いっぱいに見える飛行機の胴体。これが普天間高校の日常の光景です。グラウンドに出れば，騒音とともにやってくる低く黒い影。授業中でも，テスト中でも，容赦なく全てを中断させる音。入学から二年たち，私は自分が変化していることに気がつきました。ヘリコプターは相変わらず，頭上を飛び回り，騒音は鳴り続けます。『でもしょうがない』『いつものこと』，そう思っている自分がいたのです。軍用機がいつ，自分の上から落ちるかわからない日常。この状況があまりにも日常になりすぎて，私の感覚はにぶくなっていたのです。みんながそれぞれの立場で，もう一度この基地問題に向き合ってほしい，私たち一人ひとりが考えれば，何かが変わる！　そう信じて，いま私はここに立っています」（抜粋）

　普天間基地のまわりには 16 もの学校があります。沖縄の人たちは，この普天間基地を早く返還してほしいと要求しています。

――でも，何もなかったところに米軍基地ができて，あとからまわりに住むようになったって聞いたけど……。

銃剣とブルドーザーによる基地建設

　沖縄の米軍基地は，沖縄戦のとき，住民が収容所に収容されている間に米軍が旧日本軍の飛行場跡やその周辺地域などに建設したことに始まります。普天間基地ももともとは役場や学校などがある集落があった場所です。戦後，住民は収容所からもともと暮らしていたところに戻れず，飛行場周辺で生活せざるをえなかったのですね。

　1950年の朝鮮戦争を機に，アメリカなどの連合国は1951年9月にサンフランシスコ講和条約を結び，沖縄の施政権を日本から切り離して沖縄をアメリカの占領下におきました。同時に，日米安全保障条約（安保条約）を結び，独立後も米軍が日本に駐留することになりました。米ソの「冷たい戦争」のもとでアメリカには日本を「ソ連封じ込め」の拠点にするというねらいがありました。

　沖縄におかれた米国民政府は1953年，強制的に土地を取り上げることができるようにする「土地収用令」を布告し，反対する住民を銃剣で威嚇し，ブルドーザーで田畑をひきならして基地を建設・拡張しました。

　日本本土でも，日米安保条約のもとで米軍基地の建設・拡張が推し進められました。これに対して，石川県の内灘，群馬県から長野県にまたがる浅間山・妙義山，東京の砂川などで米軍基地反対の運動が高まりました。そのため米海兵隊の部隊は本土の各地から米軍占領下の沖縄に移され，沖縄の基地はさらに強化されていきました。1960年代のベトナム戦争では，沖縄の米軍基地が最前線を担うことになったのです。

　1972年に沖縄は日本に復帰しました。しかし復帰後も米軍は居すわりつづけました。

――なぜ復帰後も基地はそのままにされたのですか。

　もちろん沖縄では，核兵器も基地もない祖国復帰を求める声が強くありました。しかし，日米両政府は，米軍基地をそのままにして，日米軍事同盟を強化したのです。

　ベトナム戦争が終わっても米ソの冷戦が続いていました。1970年代には本土の米軍基地が整理・統合によって縮小される一方で，沖縄では海兵隊を中心に基地が強化されていきました。海兵隊は戦闘の際，まず敵地に上陸して攻撃する「殴りこみ部隊」です。1978年から日本政府は「思いやり予算」といって，米軍に必要な経費を出すことになりました。さらに，基地や訓練区域が沖縄に集中することによって，米軍にとってはより便利になったのです。

　在日米軍専用施設の面積にしめる沖縄の割合は，復帰当時（1972年）は58.7％でしたが，1995年には75％にもなっています。2016年に北部訓練場の北半分が返還されたので，今は70％になっています。

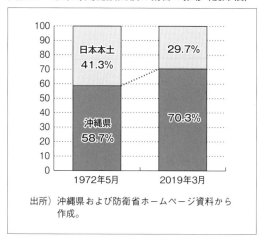

図表2　米軍専用施設面積の割合の推移（復帰後）

日本本土
41.3%

沖縄県
58.7%

1972年5月

29.7%

70.3%

2019年3月

出所）沖縄県および防衛省ホームページ資料から
作成。

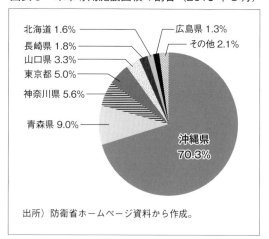

図表3　米軍専用施設面積の割合（2019年3月）

北海道 1.6%
長崎県 1.8%
山口県 3.3%
東京都 5.0%
神奈川県 5.6%
青森県 9.0%

広島県 1.3%
その他 2.1%

沖縄県
70.3%

出所）防衛省ホームページ資料から作成。

　　──日本復帰後に基地が増えるなんてヒドイ！　事件や事故もよく起きて危険だし
　　……。

米兵による事件・事故と「日米地位協定」

　そうです。米軍関係の事件・事故と米軍の特権は大きな問題です。今でも県民の記憶に
残る凶悪な事件として1995年の米海兵隊員3人による少女暴行事件があります。在日米
軍の地位を定めた「日米地位協定」では，公務中の米兵が起こした事件・事故はアメリカ
が第一次裁判権をもっています。公務外の事件・事故の場合，裁判権は日本にあります
が，被疑者の身柄がアメリカ側にあれば，検察が起訴するまで身柄の引き渡しは拒否され
ます。このような米兵に対する特権的な扱いに県民の反基地感情が爆発し，1995年10
月に米軍に抗議する県民総決起大会（8万5000人参加）が開かれました。

　しかし，その後も米兵の凶悪犯罪はあとを絶ちません。沖縄県の資料では米軍人・軍属
などによる刑法犯罪は，復帰（1972年）から2018年末までの間に5998件発生し，うち
殺人・強盗・強姦などの凶悪犯が580件となっています。

　基地関連の事故では，2004年8月に，普天間基地所属の大型輸送ヘリコプターが沖縄
国際大学の校舎に接触し，墜落，炎上しました。この事故で米軍関係者が事故機を搬出す
るまで，県警も消防も，そして市長や大学関係者も現場に立ち入ることができませんでし
た。日本はほんとに主権国家と言えるのかと大きな問題になりました。最近では，2016
年12月に垂直離着陸輸送機MVオスプレイが名護市の集落の近くに墜落しました。2017
年には普天間基地のそばの保育園の屋根や，小学校の校庭に海兵隊のヘリの部品や窓枠が
落下するという危険な事故が相次いで起きています。沖縄の人たちのなかに「もうがまん
できない」という怒りが高まっています。

　　──でも，辺野古の新基地建設に賛成している人もいるんですよね。基地がなくなった

ら経済的に困るからじゃないですか？

　沖縄の本土復帰の頃と現在を比べると，沖縄経済における基地関連収入（軍用地料，基地従業員の所得，米軍関係者の消費支出など）の割合は大幅に低下しています。復帰後の沖縄経済は，道路や港湾，空港などの整備に加え，観光，情報通信産業などが着実に発展してきました。とくに観光収入が大きく伸びています。基地関連収入が県民総所得にしめる割合は，復帰前の 1965 年度には 30.4 ％でしたが，復帰直後の 1972 年度には 15.5 ％，2016 年度には 5.3 ％（2416 億円）まで大幅に低下しています。

　逆に「米軍基地は市街地を分断する形で存在しており，都市機能，交通体系，土地利用などの面で大きな制約になっている」と沖縄県は指摘しています。実際に，基地返還の跡地に大型のショッピングモールがつくられ，若者の人気スポットになっているところもあります。

　また基地の地主約 4 万人が軍用地料をもらっていますが，年間 100 万円未満が全体の 57 ％，100 万〜 200 万円未満が 20 ％です（2015 年度）。基地がなくなったら生活できなくなる人が多いわけではありません。

　――そうなんだ。じゃあ，基地を減らしたほうがいいですよね。

新基地建設問題と島ぐるみの闘い

　1995 年の少女暴行事件をきっかけとした反基地運動の高まりを懸念した日米両政府は，1996 年 4 月に普天間基地の返還に合意しました。その合意からすでに二十数年が過ぎています。しかし，いまだに普天間基地の返還は実現していません。「返還」がいつのまにか日米両政府が代わりの基地を沖縄県内につくる話にすりかわったからです。

　日米両政府は 2006 年 5 月，辺野古沖を埋め立てて，滑走路を V 字形に 2 本，軍港，弾薬庫，ヘリパッドを備えた新基地をつくる計画に合意しました。しかし県民の多数は新基地建設に反対しています。2013 年 1 月，県民大会実行委員会は「オスプレイの配備を直ちに撤回すること」や「米軍普天間基地を閉鎖・撤去し，県内移設を断念すること」を盛り込んだ「建白書」を安倍首相に提出しました。この「建白書」には県議会の議長と全会派の代表，41 市町村の全首長と議長が名を連ねています。

　しかし，安倍首相は辺野古沿岸部の埋立て申請書を沖縄県に提出し，2013 年 12 月に仲井真弘多知事（当時）が埋立てを承認しました。これに対し，2014 年 7 月，「沖縄建白書を実現し未来を拓く島ぐるみ会議」が結成されました。「オール沖縄」の候補として当選した翁長雄志知事（当時）が 2018 年 8 月に埋立て承認を撤回し，同年 9 月の県知事選挙では新基地建設反対を掲げる玉城デニーさんが当選しました。

　沖縄では 2019 年 2 月に「名護市辺野古に計画している米軍基地建設のための埋立て」の賛否を問う県民投票が行われました。投票率は 52.48 ％。「埋立て反対」が 71.74 ％をし

め，「賛成」は 19% でした。

　若者たちが中心になって活動した「県民投票の会」代表の元山仁士郎さんは，「県民投票の翌日も，基地建設のための土砂投入が行われた。この国に民主主義は，沖縄の人々に権利はあるのだろうか。全国の人々はどのように応えてくれるのだろう」と述べています。

　——沖縄では反対の人が多いのにヒドイと思います。でも，日米同盟は大事だと思うし……。

沖 縄 の 基 地 問 題 は 日 本 全 体 の 問 題

　問題の根本は，日米安保条約をどう考えるか，ということです。

　日本政府は「日米同盟の抑止力の維持と普天間基地の危険性除去から考えて，辺野古移設が唯一の解決策」と繰り返し述べています。日米安保条約によって日本の安全が守られていると思っている国民もたくさんいます。北朝鮮や中国の脅威が叫ばれることも影響しているでしょう。

　さらに今日，日米同盟はますます強化されています。海兵隊のオスプレイは本土の米軍基地に飛来して訓練を繰り返しています。2018 年に米空軍は特殊作戦用の CV オスプレイを横田基地（東京都）に配備しました。

　「日米安保条約によって日本の安全が守られているならば沖縄に集中している米軍基地を本土がもっと引き受けるべきだ」という意見もあります。これについてどう考えますか？

　——沖縄がいやだと言っているものを引き受けるところがあるかな？

　そうですね。そうすると，米軍基地そのものが日本に必要かどうか，根本から考えてみる必要があります。「米軍が日本にいるのは，なにも日本を防衛するためではない。日本

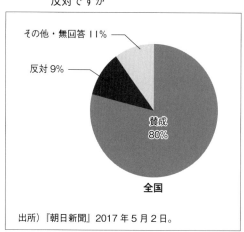

図表4　日米安保条約の維持に賛成ですか，反対ですか

その他・無回答 11%
反対 9%
賛成 80%
全国

出所）『朝日新聞』2017 年 5 月 2 日。

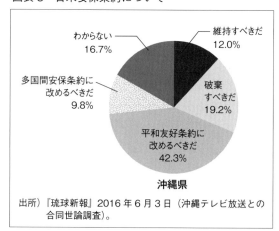

図表5　日米安保条約について

わからない 16.7%
維持すべきだ 12.0%
破棄すべきだ 19.2%
多国間安保条約に改めるべきだ 9.8%
平和友好条約に改めるべきだ 42.3%
沖縄県

出所）『琉球新報』2016 年 6 月 3 日（沖縄テレビ放送との合同世論調査）。

は米軍が必要とあればつねに出動できるための前方基地として使用できる。しかも，日本は駐留経費の75％を負担してくれている。極東に駐留する米海軍は，アメリカ本土から出動するより安いコストで配備されるのである」（アメリカのチェイニー国防長官，1992年3月，米下院軍事委員会）。このような発言はこれまで何度も繰り返されています。

「米軍基地は沖縄にも本土のどこにもいらない。日米安保条約を廃棄し，すべての米軍基地撤去を」という主張も根強いものがあります。

——沖縄の高校生はどう考えているのかな。

平和や社会問題について学び交流する場をつくろう

2018年12月に沖縄で高校生平和集会が行われました。沖縄と東京，埼玉，長野，京都，広島などの中学生や高校生が参加しました。辺野古に行ったり，普天間基地を見学したりしたあと，「米軍基地は必要か」，グループに分かれて議論が行われました。

「基地はいらない」とした生徒たちには「基地による騒音や事故の危険がある」という意見が多く，「憲法9条と米軍基地は矛盾する」「軍事力ではなく話し合いで解決していくのが国際社会の流れだ」という意見もありました。

「基地が必要だ」とする生徒たちからは，「在日米軍は他国に日本を攻撃させないという抑止力になっている」「日本の軍事費を軽減できる」「自衛隊だけでは不安」などの意見が出ていました。

沖縄の高校生の多くは，「安保はよくわからないけど，辺野古の新基地建設には反対」と言っていました。

沖縄で行われた高校生平和集会に集まったのは，各地にある高校生平和ゼミナールのメンバーなどです。広島県では県内の高校にある社会部や平和問題研究部などが広島高校生平和ゼミナールをつくっています。長崎県の活水高校には平和学習部があり，核兵器廃絶の「高校生1万人署名」やピースボランティアなどの活動をしています。「高校生1万人署名」は2001年から始まり，毎年数多くの署名を集めて，高校生平和大使がジュネーブの国連軍縮局に届けています。東京高校生平和ゼミナールは被爆者の話を聞いたり，横田基地の見学に行ったりしています。核兵器禁止条約の実現を求める署名活動にも取り組んでいます。

みなさんも修学旅行から帰ったら，平和や社会問題について学び交流するサークルやしゃべり場をつくりませんか。

参考文献 --
平和・国際教育研究会編『沖縄修学旅行ハンドブック——学び・調べ・考えよう』平和文化，2019年
佐藤学・屋良朝博編『沖縄の基地の間違ったうわさ——検証34個の疑問』岩波ブックレット，2017年

（沖村民雄）

3 福島原発の現在から，地域の復興を考える──エネルギーの持続可能性をふまえて

キーワード　原発事故，区域外避難者，再生可能エネルギー

事故から9年，福島原発は今，どうなっているのか

　東日本大震災にともなう福島第一原子力発電所事故から9年が経過しました。と言っても，みなさんは小学生だったから，よく覚えていないでしょうね。今，どうなっているのでしょうか？

　　──3月11日近くになると，テレビなんかで報道するので，「あっ，そうだった」と思い出しますけど……。

　福島第一原発では，1日平均で約4000人もの作業員が廃炉作業に従事しています。しかし，核燃料が溶け出す重大事故であるメルトダウンを起こした1〜3号機の廃炉作業は難航しています。政府と東京電力が決めた廃炉作業の工程は30〜40年ですが，このとおりに進むかはわかりません。高い濃度の放射性物質を含んだ汚染水は増えつづけ，敷地内のタンクは2022年夏頃には満杯になると言います。台風や大雨の際に，汚染水が地下を通って周辺の海に漏れているとも言われています。

　作業員の労働環境も心配です。原発には「被曝労働」は避けられないものですが，福島第一原発事故後には，高い放射線量のなかでの除染作業が加わりました。作業員の被曝線量の上限は，5年間で100ミリシーベルト（シーベルトは人が受ける被曝線量の単位），1年あたり50ミリシーベルトと法律で決められています。被曝労働によって疾病が発症した場合，白血病やリンパ腫，甲状腺がんなど特定の疾病については「労働災害（労災）」と認定されることがあります。しかし，申請へのハードルは高く，労災と認定されないかぎり，何の補償もされないのが現状です。

　　──えっ，そうなんですか？　そんなところで働きたくないな。

　でも，誰かがやらなければならない仕事だと決意して，あるいは経済的な事情のために働く人がいるのです。だからこそ，被曝線量が高い現場で働く作業員が安心して働くことができる作業環境と補償が求められています。次第に減少する作業員を確保するために，国は新たな在留資格「特定技能」の外国人労働者を廃炉作業に受け入れる方向で準備を進めています。また，もちろん日本の作業員同様に，作業環境の整備と補償制度が求められます。

きびしい暮らしを強いられる人々

原発事故は，福島で暮らす人たちの生活を激変させました。放射能被害から逃れるために避難生活を送っている福島県の人たちは，2019年7月現在，政府発表だけでも，4万2467人（そのうち福島県内の避難者は1万984人）います。このなかには，国の強制によらない「自主避難」の人，家を新築した人，災害復興住宅に入った人は含まれていません。

2019年8月現在，震災による直接死は1605人，震災後の災害関連死は272人にのぼり，自殺者などその数は増えつづけています。

避難生活が長期化し，事故後の生活を保障してきた賠償（ばいしょう）や住宅支援も打ち切られるなかで，生活の苦しさが増し，命までおびやかす深刻な状況になっています。

——大変な状況が続いているんだ。当時，避難した住民はどうなったの？

国が避難を強制した避難指示区域は，放射線量が高く立ち入り制限のある①「帰還困難区域」，②「避難指示が解除された区域」に分けられます。震災直後は11の自治体が避難指示区域になりましたが，2014年4月から縮小しています。

2019年4月には，原発立地自治体としては初めて，大熊町の帰還困難区域以外の地域で避難指示が解除されました。

そして，避難指示が解除された地域では住民が戻りはじめています。とはいえ，住民の帰還は進んでいません。福島県によると，住民の帰還率（2019年3月末〜4月，帰還困難区域除く）は，浪江町6%，富岡町9%，飯舘村（いいだて）23%，川俣町山木屋地区45%，南相馬市（みなみそうま）47%，楢葉町（ならは）53%となっています。地域に戻った住民は一部に限られ，その多くは高齢者で，公営住宅の入居者の大半は60歳以上です。

図表1　避難指示地域の概念図

注）双葉町（R2.3.4），大熊町（R2.3.5），富岡町（R2.3.10）の特定復興再生拠点区域の一部を解除。
出所）ふくしま復興ステーション復興情報ポータルサイトより（2020年3月現在）。

——住み慣れた「ふるさと」に帰りたいのに，なぜ帰還しないの？

それは暮らしに必要な商業・医療施設が少ないことや，職場が失われたこと，子どもが避難先の学校や暮らしに慣れたこと，避難先での仕事や生活が落ち着いてきたこと，地元には除染後の汚染土壌などを収めたフレコンバッグが公園，住宅，学校などの近くに野積みされており，不安が大きいといったことがあげられます。とくに避難指示が解除されたといっても，居住が可能とされる地区の年間積算線量は20ミリシーベルトまで引き下げられただけで，通常の数値1ミリシーベルトの20倍となり，小さい子どもをもつ保護者にとって，「ふるさと」に帰りたくても帰れないという実態があります。

区 域 外 避 難 者 = 自 主 避 難 者 は ど う な っ て い る の か ？

　実はこのクラスにも福島県から避難してきた仲間がいます。H君は被災当時，小学校1年生でした。お母さんとお父さん，おじいちゃんとおばあちゃん，お母さんの妹との6人家族で，福島から120キロメートル以上離れている会津に住んでいました。今日はH君とお母さんが避難者の現状をみんなに知ってほしいと，今まで誰にも話してこなかったことを話そうと決意してくれました。

　まず，お母さんから避難するまでの状況を話してもらいます。

　「みなさん，こんにちは。震災から5日後の3月16日，会津地方の空間線量は1時間あたり約3マイクロシーベルトまで上昇していました。その当時，一般の被曝限度は年間1ミリシーベルトが基準でした。その場合，空間線量は0.23マイクロシーベルト以下でなければいけないんです。けれども，5月の運動会も，夏のプールも平常どおりに行われました。私の周囲には放射能の危険性について触れる人は誰もいなかったのですが，ツイッターで情報を調べて知れば知るほど怖くなったんです。実際に水道水から放射性ヨウ素とセシウムが検出されていました。不安が募るなかで，震災から10か月後の2012年1月に避難することを決めました。

　避難することを家族に伝えると，みんなHの健康のことを考えて賛成してくれ，2月22日に知人を頼って京都市に私とHの2人で避難しました」

　──H君，なんで今までだまっていたんだよ!!

　「小学校4年生のとき，『福島』『放射能』『賠償金』って言われていじめられて，1年間学校に行けなくなったんだ。それから福島から来たことを絶対に言わないと心に決めて，小学校5年生のときに，お父さんの知り合いがいる尼崎市に引っ越してきたんだ。お母さんも今は元気だけどずっと眠れない日が続いて，すごくつらそうな時期もあったんだよ」。

　──そうだったんだ……。

　「私たちみたいに，国の強制的な指示がない地域から避難している人は，『自主避難者』

とよばれています。国の避難指示は年間 20 ミリシーベルトが基準とされていますが，年間 20 ミリシーベルト以下の地域から避難した者をそうよぶのです。

　避難指示区域外からの避難者であることを隠して生活している人は多いです。『避難指示がなかったのに避難したのはなぜ』と聞かれ，『勝手な人たち』と言われる可能性があるからです。でも，私たちは，放射能から身を守るために避難せざるをえなかった被害者なんです。2011 年 4 月 22 日以前は年間積算線量の上限が 1 ミリシーベルトだったわけです。そのことをぜひ知っておいてほしいのです」。

　——もし私がお母さんと H 君なら，やっぱり黙っていると思うわ……。避難生活も大
　　変だったんじゃないかな。

「区域外避難者には毎月 10 万円の慰謝料は支払われていません。ただし住宅支援だけは提供されていました。避難生活を続けるうえで頼みの綱だったのですが，福島県は『区域外避難者』への借上住宅の無償提供を 2017 年 3 月で打ち切りました。約 1 万 2000 世帯，3 万 6000 人です。

　農業を営んでいた夫は会津に残りましたが，風評被害の影響もあって十分な収入が得られないなか，貯金を取り崩し，保険を解約して生活費を捻出しています。そこに追い打ちをかける借上住宅の無償提供の打ち切りです。避難を継続するためには家賃を支払わなければなりません。それができなければ，避難生活を捨て，被曝の心配をかかえ会津に帰るしかありません。いくつかの避難先の自治体では独自の支援策が打ち出されましたが，全員を救済するものではなく，区域外避難者にとっては満足のいくものではありませんでした。

　ただ，軌道にのりはじめた夫の仕事を手伝いたい気持ちもあって，H の高校卒業を機会に会津に帰ることを考えています」

国 と 東 京 電 力 に 損 害 賠 償 請 求 の 動 き

　国と東京電力に損害賠償を求めて，2013 年 9 月 17 日，33 世帯 91 人が京都地方裁判所に提訴しました。その要求は，第 1 に国に法定被曝限度（年間 1 ミリシーベルト）を遵守させ，少なくともその法定被曝限度を超える放射能汚染地帯の住民について「避難の権利」を認めさせること。第 2 に国と東京電力の加害責任を明らかにすること。第 3 に事故にもとの生活を奪われたことによる損害を国と東京電力に賠償させること。子ども，被災者全員に対する放射能検診，医療保障，住宅提供，雇用対策などの恒久対策を国と東京電力に実施させることです。

　2018 年 3 月 15 日に出された判決では，東電と国の責任を認め，区域外についても避難を認めるものでした。そうした積極的な内容の反面，賠償額が低いなどの問題もあって大阪高等裁判所に控訴されました。区域外避難者による同様の裁判は全国各地で闘われています。

「重要なベースロード電源」としての「原発」か，「原発ゼロ」か？

　私たちの暮らしや経済活動を支える電力をどのように供給すべきかについても，重大な選択が迫られています。政府は原発や石炭火力発電を「重要なベースロード（基幹）電源」と位置づけ，2030年時点の電力の「20〜22％」を原発でまかなうという方針です。そのため，原子力規制委員会が新規制基準に適合すると判断した原発は再稼働（さいかどう）が進められています。一方，日本経済団体連合会（経団連）は原子力を脱炭素化をめざすうえで「必須の電源」「不可欠のエネルギー源」と位置づけ，再稼働の取り組みの強化，新増設，最長60年を超えての運転延長を求めています（2019年4月）。

　──でも，世論調査では「原発ゼロ」のほうが多いんじゃないですか？

　そのとおりです。政府や経済界の動きに対して，2018年3月9日に野党4党は「原発ゼロ基本法案」を国会に提出しました。「原発ゼロ基本法案」の概要は，①法施行後5年以内に全原発を運転停止，②2030年までに電気需要量を2010年比で30％以上削減，③2030年までに再生可能エネルギーの電気供給量にしめる割合を40％以上にする，④廃炉作業を行う電力会社や立地地域の雇用・経済対策について，国が必要な支援を行うというものです。

地産地消型の地域の自立へ
──再生可能エネルギー産業で復興をめざす

　さっき，お母さんがH君の高校卒業を機に会津に帰ることも考えていると言っていたね。実は，H君のお父さんは，再生エネルギーで福島の地域経済を発展させたいという思いで，会津で会社を立ち上げたんです。H君も，将来的にお父さんの会社を支え，福島の復興の一翼（いちよく）を担うために，再生可能エネルギーの研究を行っている大学をめざしています。

　──すごいなあ。H君も，H君のお父さんも!!

　原発事故で甚大（じんだい）な被害を受けた福島県は，原子力に頼らない社会をめざして，「福島県再生可能エネルギー推進ビジョン（改正版）」（2012年3月）を掲げました。そこでは2040年頃をめどに県内エネルギー需要のほぼ100％を再生可能エネルギーでまかなうことを目標としています。すでに県内で多くの施設が稼働し，地域外の国内大手電力会社や，外国資本の参入によるメガソーラーやメガ風力発電所の設置も計画されています。

　──「再生エネルギーで地域経済を発展させる」ってどういうこと？

それは，H君のお父さんに教えてもらいましょう。実は今，Skype でつながっているんですよ。

「みなさん，はじめまして。私は米づくりと牛の飼育をしていました。それが原発事故のために農産物が思うように出荷できなくなってしまいました。地域の仲間たちも同じ状態でしたが，このまま終わるわけにはいかないと，県のアクションプランにも背中を押されて43 名の村民の出資によって再生エネルギー会社を設立し，社長になったのです。農地を農業以外の目的で使うことは禁止されていたので，太陽光パネルの下で作物を育てるという〈ソーラー・シェアリング〉を県に申請し，農地部分で牧草を育てるということで例外として認められました。2019 年 8 月現在で，50 キロワット未満の小型の太陽光発電が 20 基稼働していて，計画中のものが 10 基あります。売電した利益を地元の産業の振興に投資しています。地元で電気を発電し，地元で電気を使う。地域の人の雇用も生みだすというふうに，地域内で経済をまわしていく「内発的発展」をめざしています。地域外の大企業の誘致による大規模プロジェクトの利益は都会の本社に吸い上げられて，地域内には再投資されません。地域経済が自立すれば，地域の財政力も高まり地域の活性化につながるのです」

持続可能な地域社会を実現し，日本の未来をつくる

　少子高齢社会の日本，とくに地方では人口減少が深刻化し，地域社会が成り立たなくなってきています。東日本大震災は福島県と宮城県，岩手県の人口減少に拍車をかけました。原発事故によって，若者の帰還が進まず，ますます人口減少に拍車がかかる福島の自治体が，「内発的発展」によって持続可能な地域をつくっていくことが，人口減少社会を迎えるほかの地域での見本となり，日本社会を牽引していく可能性があります。農山村の地域資源を活かし，食料や林産物やエネルギーなどの自給率を高めることで，そこに人々が住めるように再投資していく道，この道こそ日本の未来があるように思います。みなさんはどう考えますか（なお，H君と家族の話は，参考文献などから考えたフィクションです）。

参考文献・資料 --

　佐藤彌左衞門「原子力に依存しないエネルギーを自分たちの手で──会津電力の取り組み」『住民と自治』2019 年 3 月
　長谷川博一「福島の再生可能エネルギー地帯をゆく──会津・土湯・飯舘」『季刊社会運動』429 号，2018 年 1 月（特集：あれから 7 年　福島の現実）
　吉田千亜「住宅支援打ち切り──区域害避難者の苦悩」『季刊社会運動』429 号，2018 年 1 月（特集：あれから 7 年　福島の現実）
　棚澤明子『福島のお母さん，いま，希望は見えますか？』彩流社，2018 年
　豊田直巳『福島「復興」に奪われた村』岩波ブックレット，2019 年
　会津電力株式会社ホームページ（https://aipower.co.jp　2020 年 3 月 11 日最終確認）
　飯舘電力株式会社ホームページ（http://iitatepower.jp　2020 年 3 月 11 日最終確認）

（福田秀志）

4 模擬選挙で政治に参加する作法を 身につけよう

キーワード　主権者教育，模擬投票，国民主権，国政選挙

社会に参加する作法を学ぼう！

　18歳成人（第2章10）でもお話ししましたが，みなさんには，積極的に社会に参加し，地域・社会をよくしていく力になってほしい，という大きな期待がもたれています。それは，成人となった者の責任だとも言えます。が，みなさんは，「社会に参加する」と言われて，自分が何をしたらいいのか，すぐイメージがわきますか？　ちょっと考えてみてください。

　　——投票に行ったり，災害ボランティアに参加することかなぁ。

　そう，それも大事ですね。たとえば，働いて税金を納めることも大事な社会参加です。知ってほしい情報をSNSで広げたり，国や地域で実現してほしい課題について署名活動を行ったり，政策審議会の委員に入って意見を述べたりするなど，社会参加にはさまざまな形があります。

　隣の国・韓国では，2016年に多くの大学生たちもロウソク・デモに参加して朴槿恵大統領を辞任に追い込む力となりましたし，日本でも安保法制の議論のときは，国会前で大学生たちが集会を開いて自分たちの意見を表明したこともあります。これも，積極的で政治的な社会参加です。

　そんなアクティブな行動はちょっと苦手という人でも参加できて，また市民としての責任を果たせる重要な行為，それが選挙での投票です。地方選挙で投票することは地方自治を担うことですし，国政選挙で1票を投じることは，「主権を行使する」大事な政治的行為なのです。

　では，質問です。「主権を行使する」とはどういうことでしょうか。

　国民主権については，第1章2で学びましたね。主権とは，社会や国のあり方について決定権をもつということです。あとで詳しく説明しますが，代議制民主主義をとっている日本では，自分の考えを実行してくれる代理人（議員や首長）を選ぶことで，主権を行使することになります（第2章2も参照）。2016年から，それまで20歳以上だった選挙権が18歳以上に引き下げられたので（公職選挙法の改正），みなさんが選挙を通して主権を行使するのも，もう間近です。

　「そう言われても，いきなりはムリ」という顔ですね。確かに，練習もなしにいきなり

本番で，国のあり方を決めるために投票せよ，と言われても難しいですよね。そこで，今のうちに取り組んでほしいのが，「模擬選挙」なのです。

政治的参加の作法を学べる模擬選挙

　選挙では，18歳以上になったら，国民一人ひとりが，財産や性別の区別なく1人1票を行使できます（普通選挙制）。代理人を選び，一定の期間だけ，私たち市民の主権行使を代わってやってもらうのです。

　——代表を選んだら，もうおまかせっていうことかな。

　いいえ，主権の行使を代理してもらうだけで，すべての政治を委任するわけではありません。多数の票をとった議員や首長が，選挙で勝ったから何をしても自由とばかりにふるまうのは，大きな勘違いです。私たちも，選んだ者が期待したような仕事をしているのか，チェックをおこたらないことが大切です。そして，もし期待にそぐわない（公約と異なる）行為や発言をしたら，辞任を求める声をあげることも重要でしょう。

　さて，話を模擬選挙に戻します。

　模擬選挙は，まだ選挙権のない人たちが，選挙を「体験」して，民主主義や政治を学ぶために考えられたものです（すでに選挙権がある大学生でも，投票の経験がない人や，まだ選挙を身近に感じられない人もいるでしょうから，大学で取り組むこともお勧めします）。やり方には，「実際の選挙」と，「架空の選挙」の二つのタイプがあります。

　模擬選挙をしたことがない場合は，「架空の選挙」のほうがやりやすいでしょう。たとえば，学生食堂の新メニューを複数あげて1番を選ぶ，校外学習の行き先を決めるなど，学校や大学のなかで投票によって決するテーマを決め投票するのです。その結果，食堂に新メニューが増えた，校外学習の行き先が変わったなど，1票の価値を実感し，主権を行使できたという実感がもてるテーマがよいでしょう。

　「実際の選挙」は，国政選挙でも地方選挙でも現実に選挙が行われているときに合わせたり，以前行われた選挙を題材にして，候補者や政党を選択して投票します。ちょっとハードルは高いのですが，政治に触れる醍醐味を実感できます。

　模擬選挙をするためには，以下の手順をふんでください。

　①模擬選挙の実施母体をつくる。

　②投票前に政治（めざすもの，政党など）の勉強をする（架空の選挙の場合は省略）。

　③選挙を組織し開票する。

　④その振り返りを行う（「実際の選挙」の場合は，実際の結果との比較を行う）。

　模擬選挙がどんなものか，およその輪郭は理解できたでしょうか？　でも，実際に学校・大学で取り組むには，どうやって実現したらいいか，まだ，よくわかりませんよね。順を追って見ていきましょう。

選挙の実施母体をつくる

　まず，一つのやり方は，生徒会・学生自治会の選挙管理委員会に立候補して，模擬選挙を行うことを提案するのです。この場合，実施主体は生徒会・学生自治会の選挙管理委員会になります。あるいは，仲間を誘って「模擬投票実行委員会」をつくり，それを実施母体とすることもできます。

　これもまた，いきなりハードルが高いでしょうか。だとしたら，いっしょに取り組んでくれそうな顧問の先生を見つけるのがいいでしょう。あるいは，「公共」（現代社会）「政治経済」「政治学」の先生に，「模擬選挙をしてみたい」と相談して，アドバイスを受けたり，授業のなかで取り組んでもらう方法もあります。

　大学生なら，「選挙啓発応援サークル」（全国各地にあります。「明るい選挙推進協会」のホームページ［以下，ＨＰ］で探せます）をつくるのもよいでしょう。

　「実際の選挙」を扱う際には，市町村におかれている選挙管理委員会に相談するとよいでしょう。今，全国の選挙管理委員会では，投票率が低い若者を選挙に向かわせるために，選挙出前授業を行ったり模擬選挙を応援していますから，投票の仕方について教えてくれます。これもどこに連絡をしたらいいのか，インターネットで探すことができます（たとえば，京都市に住んでいたら，「京都市　選挙管理委員会　模擬選挙」で検索）。

投票前に政治の勉強をする

　「実際の選挙」を対象とする場合は，必ず以下のことに取り組んでください。

　各政党が何を主張しているのか，その政策（マニフェスト）の違いや類似点がわかるように一覧表をつくります。憲法の問題，消費税の値上げ，原発などのエネルギー政策，若者の雇用対策，子育て世代への福祉政策，もっと身近なところで言えば，高校や大学などの学費，教育の無償化，返済不要の奨学金制度など，項目ごとに記すのです。それを，ク

図表1　投票の仕方を示す

出所）模擬選挙推進ネットワーク提供。

ラスの掲示板にはったり，SNS も駆使して模擬投票の「有権者」にくばることが大事です。

　政策の一覧表を作成し，検討することは，模擬選挙のためだけではなく，みなさんが，社会の未来・国のゆくえを選びとっていくうえで，とても大切な勉強になります。

　──でも，どうやって，政党の政策を調べたらいいのでしょうか？　表づくりだけでも
　　大変だし，比較検討するのは難しいですよね。

　まず，選挙期間中に新聞に載る争点表や党首の第一声の比較を読んで，まとめるのがいいでしょう。あるいは，NPO 法人「Mielka」や「政治山」の HP では，国政選挙ごとにテーマに即して選挙の争点をまとめていますから，それを活用することもできます。ただし，新聞にしろ，HP まとめにしろ，それを書いたり編集した人の主観が入るわけです。したがって，各政党の HP にアクセスして直接その政策（マニフェスト）を読むことが一番勉強になります。

　一覧表ができたら，クラスや仲間で，各政党の違いや類似点はどこか，話し合ってみてください。自分の考えを声にして，友達の意見に耳を傾けることで，各政党の政策のどこがよくて，どこがよくないか，自分の理想に近い政党はどこかなどが，だんだん理解できるようになってきます。

　これらの作業を，アクティブラーニングでわいわいと相談しながら取り組めるとベストです。社会科や政治学の先生に提案してみてください。その際には，教えてもらうのではなく，「学びたいので，手伝ってください」という主体的な姿勢をもってほしいと思います。そのことが，主権者になり，市民として成長していくうえで大事なことだからです。

選 挙 を 組 織 し 開 票 す る

　選挙のスケジュールを確認することも重要です。選挙の実施母体（委員会や，サークル，有志）は選挙の 3 か月前には立ち上げます。「実際の選挙」を対象とする場合は，公職選挙法に反しないように投開票日などの計画をたてます（あとで少し説明します）。その母体が模擬選挙の実施を宣言し（選挙の公示／告示），はりだしたり SNS で発信して選挙期間に入ります。もちろん，その際に選挙の争点の一覧表もくばりましょう。そして，いよいよ投票当日を迎え，開票をし，その結果を告知します。

　──すごい！　本格的でおもしろそう！

　選挙期間には，多くの「有権者」に選挙に参加してもらえるように，模擬投票の宣伝動画をつくり，ラインなど SNS にはり付けて，選挙啓発（選挙に行こうキャンペーン）をするのも，効果的です。

　投票の期日や時間帯については，実施母体で検討して，一番，生徒・学生が投票しやす

図表2　投票する生徒たち

出所）筆者提供。

く，実施母体のメンバーが動きやすいところに決めます。投票に際しては，模擬投票の選挙人名簿（選挙権をもつ生徒・学生の名前一覧）を用意する必要があります。そのために，顧問の先生に協力をしてもらいましょう。

　投票会場については，学校の許可をとって，投票箱の設置，管理の場所を確定します。

　「実際の選挙」と同時期に投票日を設ける場合は，公職選挙法上の予備投票（特定の候補，政党の宣伝に利用し，実際の選挙に影響を与える）にあたると選挙管理委員会に間違って理解されないようにする必要があります。ですから，開票情報の公開は，実際の選挙期間中は投票箱が閉まるまで避けてください。なお開票は，「架空の選挙」であっても，不正のないように注意をはらい，模擬選挙の有権者の前で行われることが大事です。

　詳しくは，選挙管理委員会からやり方を教えてもらうか，みなさんがもっている総務省・文科省副読本『私たちが拓く日本の未来』（62〜71頁）にやり方が載っていますので，それを読んでみてください。

　選挙管理委員会に話を聞きに行く場合は，本物の投票箱や投票記載台を貸してもらえないか頼んでみてはどうでしょうか。現実の選挙期間を除いては，大学や高校に貸してくれることが多いと思います。その際も顧問の先生といっしょに行くと話がスムースに進むでしょう。

　なお参考までに，ネットで「模擬選挙推進ネットワーク」を検索すると，そのHPで，模擬選挙について詳しく紹介されていますので，調べてみてください（教員向けなので，ちょっと難しいですが）。

模 擬 選 挙 の 振 り 返 り を 行 う

　模擬選挙は，社会＝社会の公論（公に議論されていること，公共性の高い議論）について考え，進むべき道を選択できる市民に成長するための練習です。「社会を知り」，「社会に参加し」，「主権を行使すること」ができるように，経験を積む機会だと言えます。ですから，社会＝社会の公論を知ることができたか，振り返ることがとても大切です。

　憲法の問題，消費税の値上げ，原発などのエネルギー政策，若者の雇用対策，子育て世代への福祉政策，高学費問題，教育の無償化，返済不要の奨学金制度などについて，各政党の主張は理解できましたか？　各政党に違いがある政策は，その政党を応援する社会階層の願いが分かれているということです。また，政策に違いがなければ，この国の市民にとって共通の願いである可能性が高いので，その願いは政治過程にあがってくるでしょう。

そのような観点から，投票した感想を分かち合うことは，振り返りのポイントです。各政党に投票した理由が，模擬選挙推進ネットワークHPに掲載されています。その匿名性を活かして交流することも大事な振り返りになります。ほかの人たちが投票した理由を知ることで，各政党（自分の支持していない政党も含めた）の政策の意義や，各政党の特質がよりよく理解でき，政治的リテラシー（どんな政治が，どんな政党の影響で行われてゆくのか，その政党の特徴は何か，支持母体は何かを読み解く力）を身につけていくことができるからです。

こうして，グループワークのなかで，また個人的にも投票の結果を考えることで，みなさんは，市民（大人）に近づいていくのです。

模 擬 選 挙 か ら 広 が る 世 界

——選挙は，市民社会に参加する入り口ということでしょうか？

そうです。ただ，その社会が自分の居場所として感じられず，帰属意識をもてなければ，参加する気になれませんよね。たとえば，もしあなたが，クラスで浮いている，あるいは，排除されていると感じていたら，そのクラス（社会）に積極的にかかわって，声をあげたり，それが進む方向を選ぼうとは思えないでしょう。逆に，あなたの意見（権利）が，クラス（社会）に認められ，クラス（社会）に活かされた経験があれば，そのクラス（社会）は信頼できるし，居心地のいい場所になります。

投票という行為も同じです。帰属意識をもてず，遠い存在どころか，むしろ拒否されているものと感じていたら，たかだか自分の1票で何が変わるかと思うのも当然です。

それでも，「参加すること」でしか，家庭や学校，地域社会やこの国が変わるきっかけが生まれないことを知ってほしいと思います。かけがえのない尊厳をもった個人（憲法13条）が社会に参加することでのみ，社会や国は変わっていくのです。

実際に投票を行うことは，主権を行使することだと言いました。忙しくて，あるいは，入れる政党や候補がない場合は棄権することも可能です。でもそれは，自分の未来を自ら放棄していることと同じです。投票をするということは，個人の意思決定をすること＝かけがえのない個人の1票を誰に託すかを決めるということです。

模擬選挙は，この「主権を行使すること」の練習，市民社会の担い手として参加していくきっかけを，与えてくれます。Let's Go!!

参考文献 --
杉浦真理『主権者を育てる模擬投票』きょういくネット，2008年
林大介『「18歳選挙権」で社会はどう変わるか』集英社新書，2016年

（杉浦真理）

5 非正規労働，生活困窮者の生活を支える

キーワード　青年自立支援，青年ユニオン，非正規労働者，生存権

若者受難の時代における若者の自立とは？

　日本社会で活発な活動が行われている分野の一つに「若者自立支援」があります。「支援」の対象は，15〜39歳。バブル崩壊後，最も大変な目にあったのは実は若者でした。

　「フリーター」「ひきこもり」という言葉が1990年代後半，社会問題になりました。政府は，「若者・自立挑戦プラン」や「ヤングジョブスポット」を2003年につくり，解決を模索しました。

　でも，生活，人生に悩み苦しむ若者は不景気も影響してさらに増加。2004年には「ニート」という，働けず，学校にも通えない若者を表す言葉も登場しました。

　そんななか，さらに若者に大打撃を与えたのが，2008年のリーマンショック，2011年の東日本大震災でした。ニートは2011年に60万人に，若者の非正規雇用率は2012年に35%に達しました。「ジョブカフェ」，「若者自立塾」，「若者サポートステーション」など，たくさんの若者自立支援の機関がつくられましたが，困難な状況の若者は増えつづけています。

　そんななか，コミュニケーションが苦手だったり，ブラック企業で心を病んでひきこもり状態になっていた若者たちが，自分たちの力で仕事をつくり，生活していく，新しい若者自立支援の取り組みが各地で生まれてきています。もうけを追求しない，ゆったりとした素材重視の料理店。働くみんなが経営者で助け合い仕事をしていく労働者協同組合（ワーカーズ・コレクティブ）。いろいろな働き方，自立の仕方が若者の手で生まれてきているのです。

　――どんな活動があるんですか？

ブラックな現実に声をあげてみない？

　2015年12月，札幌に「さっぽろ青年ユニオン」という団体ができました。10〜30代の会社員や派遣社員が加盟している労働組合です。

　委員長は24歳（当時）の女性。彼女は，大学生時代に「ブラックバイト」の体験があったそうです。アルバイト先の飲食店はサービス残業が当たり前。テスト前でも休ませてもらえず，体調を崩しかけたことも。そんなときに彼女は「首都圏青年ユニオン」（東京）

図表1　さっぽろ青年ユニオンの活動（2019 年 12 月 31 日）

出所）さっぽろ青年ユニオン提供。

の活動を知り，「泣き寝入りせず，闘わなきゃだめだ」と，知人に呼びかけ，札幌でユニオンの準備会をつくったのです。組合員同士のつながりはツイッターや LINE が中心。連絡を取り合い，集会を開いて，最低賃金のアップを求める行動などをしているそうです。

　ブラックバイト・ブラック企業の社会問題化，最低賃金の上昇は，みんなも知っていると思います。日本各地で若者が声をあげるなかで，「働き方改革」など大きな動きが起こっています。

　今までの会社ごとの労働組合（企業別労働組合）は，正規労働者が中心で，非正規の若者の声を会社に届けることが十分にできませんでした。そこで，若者が企業の枠を越えて集まりユニオン（組合）をつくって，労働運動を全国各地で始めるようになったのです。

子どもの貧困対策の実現

　子どもの貧困対策法成立から満 2 年を迎えた 2015 年 6 月 19 日に，子どもの貧困対策センター「あすのば」は生まれました。「あすのば」は，「US（私たち）」と「NOVA（新しい・新星）」という意味ももっています。貧困で悩み苦しむ子どもたちに「ひとりぼっちじゃない」と感じてほしい。「私たち」と一緒だよと伝えたい。子どもたちの生活・人生の支援をしたいと生まれた公益財団法人ですが，メンバーは，子どもを支援する大人だけではありません。

　かつて自分自身が貧困や親の自死などでつらい思いをしてきた若者たちも中心メンバーです。「あすのば」では，ひとり親家庭や児童養護施設などで育った経験のある，または学習支援や子ども食堂など子どもに寄り添う活動経験のある高校・大学生世代の若者たち自身が集い，語り合う合宿ミーティング，子どもたちのための入学・生活応援給付金募金活動，奨学金制度の改善拡充を求める要請活動などを行ってきています。

──すごいですね。活動をして改善されたことはあるんですか?

　あります。たとえば,子どもの権利としての貧困防止政策推進,子どもの貧困の社会的背景の理解にもとづく政策推進,ひとり親世帯・生活保護世帯の子どもの大学進学率の向上などを入れた子どもの貧困対策法の改正に結びつきました。

　子どもの貧困の当事者が声をあげ,国を動かしていく。その確かな歩みが「あすのば」の活動から見えてきます。

図表2　あすのばの活動

出所)　あすのば(https://www.usnova.org)提供。

消滅する人たち?──アンダークラスの衝撃

　非正規労働者のうち,家計補助的に働いているパート主婦と,非常勤の役員や管理職,資格や技能をもった専門職を除いた人々を,橋本健二早稲田大学教授は「アンダークラス」と呼び,その数は約930万人＝就業人口の約15%だと言います。その平均年収はわずか186万円。月で割ると15万5000円。「アンダークラス」の人の貧困率は38.7%。

図表3　新・日本の階級社会

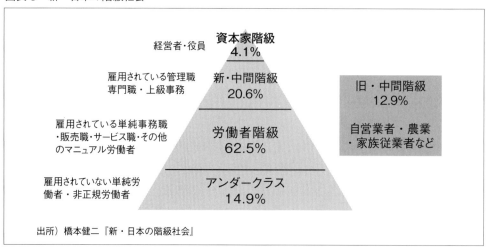

出所)　橋本健二『新・日本の階級社会』

とくに女性では，貧困率がほぼ5割に達しています。

　貧困と隣り合わせであるため，結婚して家族を形成することが難しく，男性で実に66.4%が未婚。女性でも未婚が過半数です。橋本氏は家族をつくれないアンダークラスは，本人が死ぬことで大半が消滅していく階層だと怖い指摘をしています（橋本健二『アンダークラス』）。

　NHKが『ワーキングプア～働いても働いても豊かになれない～』を放送したのが，2006年7月でした。番組で紹介されたのは，バブル破綻<ruby>破綻<rt>はたん</rt></ruby>によって社会人生活のスタートを狂わされた人。企業のリストラが増えるなか，正規雇用から非正規雇用になってしまい，その状態から脱することのできない人。「一億総中流」と言われたのは，はるか昔の話で，日本社会に激しい格差社会が生まれたことをこの番組は紹介していました。

　──アンダークラスにはなりたくないなァ……。でも，もし暮らせなくなったら……。

健康で文化的な最低限度の生活

　2018年秋に放送されたTVドラマに『健康で文化的な最低限度の生活』がありました。「あれ，この言葉って」と多くの人が思うと思います。そうです。これは，日本国憲法25

図表4　『健康で文化的な最低限度の生活』（第1巻，第8巻）

出所）ⓒ柏木ハルコ／小学館。

条「生存権」の条文なのです。日本国憲法25条には次のように書かれています。

「すべて国民は，健康で文化的な最低限度の生活を営む権利を有する。国は，すべての生活部面について，社会福祉，社会保障及び公衆衛生の向上及び増進に努めなければならない。」

この条文を根拠に存在している制度が生活保護です。生活保護は，生活扶助，教育扶助，住宅扶助，医療扶助，介護扶助，出産扶助，生業扶助，葬祭扶助などからなります。生活保護世帯は，2018年3月の数値で約164万。実人数は約214万人（厚生労働省「生活保護の被保護者調査」平成29年3月）。バブル破綻後の1994年以降，増えつづけています。このドラマの原作になった漫画には，さまざまな生活保護の受給者が出てきますが，どの人も「なまけもの」ではなく，社会でうまく生きられなかった人たちです。あなたも将来，そんな状況になる可能性があります。他人事とは思わず，そのような生きづらい人たちが生きやすい社会になるように，生活保護のあり方を考えたいものです。

政府は2013年8月から生活保護の基準額を下げています。不正受給の社会問題化，財政的な負担の縮減がその目的です。しかし，不正受給の人はほとんどいないし，本当に生活に困っている人がたくさんいるんじゃないか，という思いからドラマの原作漫画は描かれています。また，公務員の仕事の大切さと難しさも教えてくれます。

　　——がんばれば，なんとかなると思うけど。

やっぱり自己責任なのかな？

確かに，ワーキングプア，生活保護について，「私はそんなふうにはならない。努力がたりなかったんだろう」「弱かったからだろう」という君たちの声も時々聞きます。でも，本当にそうでしょうか？

「新自由主義」という言葉があります。「政府も今は財政難だし，人生に失敗した人は本人に責任がある」，「がんばった人が報われ豊かになるのは当然」，「自己責任だよ」，そういう考え方は，豊かな生活をしている人だけでなく，貧困に悩む人の心のなかにも存在しています。

しかしながら，一方で当事者の若者たちの行動が，今紹介したように日本社会でも生まれてきています。未来をつくるのは君たちです。どんな社会であれば，幸せに働いて，幸せに生きていけるのか，イメージしてみてください。

「働く場」があり，「健康で文化的な最低限度の生活」を送ることができる社会は，憲法が私たちに権利として保障しています。だから，もし現実がそうなっていなければ，大人と協力して社会の側にはたらきかけて，その現実を変えていくことができます。それこそが，市民になるということだと言えます。みなさんの力で，よいよい社会をつくっていってほしいと思います。

参考文献 ---

橋本健二『新・日本の階級社会』講談社現代新書，2018 年
橋本健二『アンダークラス──新たな下層階級の出現』光文社新書，2018 年
柏木ハルコ『健康で文化的な最低限度の生活』小学館，2014 年〜

（池田考司）

6 住まいの貧困と住宅福祉

キーワード　ホームレス，居住権（きょじゅうけん），生存権，住宅政策

「住まい」を失うことを想像してみよう

　この節では，人が暮らすうえで欠かせない「住まい」の問題について考えます。

　まず，こんな想像をしてみてください。

　ある冬の日，あなたは風邪をひいて高熱を出し，寝こんでしまいました。ガタガタ震えて，起きるのも大変なので，あたたかい布団にくるまり，時折，家族が枕元までもってきてくれるおかゆを食べたり，体温を測ったりしています。

　うとうとして目を開けると，まわりの環境がまったく変わっていることに気づきます。さっきまであったはずの天井がなくなり，まわりの壁も取っ払われているのです。敷き布団も掛け布団も消えていて，体にかかっているのは毛布1枚。家族もどこかに行ってしまい，寒風が吹きつけるなか，道路に1人放り出されているのです。

　夢かと思って，自分の頬（ほお）をつねってみますが，状況は変わりません。寒さと空腹を感じて，助けを求めても，誰も来てくれません。まわりにはたくさん人が歩いているみたいなのですが，あなたには誰も気づいていないようです。

　どうしようかと途方に暮れているうちに，今度は冷たい雨が降ってきました。このままここにいると死んでしまうと思い，なんとか立ち上がって，熱でふらふらしながら近くのビルの軒下に移動しますが，すぐにガードマンがやって来て，敷地内から出ていくように警告されました。

　そのとき，あなたは気づきました。自分が「住まい」を失って，ホームレスになってしまっていることを。

　あなたはいったい，どこに行けばいいのでしょうか。

　もちろん，これはつくり話ですが，後半の描写は実際にホームレス状態になってしまった人たちの経験談にもとづいています。生活の拠点である「住まい」がなくなることは，自分のいのちや健康を守る基盤を失うことを意味することが，この話からわかると思います。

　私たちの暮らしには，あまりに当たり前に存在するので，失って初めてその大切さに気づくものがいくつもあります。「住まい」はその一つだと言えます。

ホームレスになるのはおじさんだけ？

　——怖い話ですね。でも，ホームレスの人たちって，みんなおじさんですよね？　私たち若者には関係ないのでは？

　厚生労働省の調査によると，全国の「ホームレス」の数は4555人（2019年1月）で，これまで最も多かった2003年の2万5296人から5分の1以下に減っています。「ホームレス」の平均年齢は60歳を超えていて，ほとんどが男性なので，「おじさん」という印象は間違っていません。
　ただ，日本では法律で定められた「ホームレス」の定義が，路上，公園，河川敷など屋外で暮らしている人に限定されているという問題があります。「ホームレス」という言葉はもともと英語ですが，英語の「Homeless」が「自分の権利として主張できる住居をもっていない状態」を指しているのに比べると，とても狭い定義になっているのです。
　屋外で暮らす「ホームレス」は中高年の男性が中心ですが，住まいを失っている人は屋外にいる人だけではありません。
　みなさんは「ネットカフェ難民」という言葉を聞いたことがあるのではないでしょうか。東京や大阪などの大都市では，自分でアパートやマンションを借りるのが難しい人たちが，ネットカフェや漫画喫茶，カプセルホテル，24時間営業の飲食店などに暮らしています。2017年に東京都が実施した調査では，こうした場所に暮らしている人は都内だけで約4000人いて，そのうち約半数が20代，30代でした。
　友人宅を転々としている人や貸倉庫，レンタルオフィスといった場所に暮らしている人も合わせると，その数はもっと増えるのではないかと推察されます。
　2014年に民間団体が，首都圏と関西圏に暮らす年収200万円未満の未婚の男女1700人以上を対象に実施したインターネット調査では，回答者の6.6％もの人が安定した住まいを失った経験があると答えています。今の若者の間でも，生活に困って，住まいを失うというのは決して特殊な経験ではないことがわかります。

「居住権」と「生存権」を知っておこう！

　——なんだか怖くなってきました。「住まい」を失わないために必要なことは何ですか？

　一番大切なのは，自分の権利を知っておくです。
　みなさんも将来，アパートやマンションを借りて，ひとり暮らしをする機会があるかもしれません。その際に物件の大家さんと結ぶ契約を賃貸借契約と言います。
　その契約にもとづいて，月々，家賃を支払うわけですが，いきなり失業したり，病気になったり，事故にあったりして，家賃を払えなくなることは誰にも起こりえます。

万が一，そうなったときのために覚えておいてほしいのは，あなたには「居住権」と「生存権」があるということです。

　「居住権」とは，借りている物件に住みつづける権利です。

　もし1〜2か月の家賃の滞納で，大家さんや不動産業者，保証人を代行してくれる会社などがあなたを無理矢理，部屋から追い出そうとしたら，自分には「居住権」があることを思い出してください。

　もちろん，家賃を滞納するのはよいことではなく，あなたには家賃を支払う義務があります。でも，すぐに払えないからと言って裁判の手続きを経ずに強制的に追い出す行為は，借地借家法という法律に違反しています。

　最近では，部屋の荷物を勝手に処分したり，鍵穴にカバーをかぶせて入居者を締め出すといった追い出し行為が頻発していますが，そんな場合は早めに役所の消費者相談の窓口や法律家に相談してください。

　もう一つ，忘れてはいけないのが「生存権」です。

　「生存権」とは，憲法25条に定められた「健康で文化的な最低限度の生活を営む権利」のことを言います。この憲法の規定にもとづき，日本には生活に困ったときは誰でも使える「生活保護」という仕組みがあります。生活保護の申請は，自分が住んでいる地域の自治体の窓口でできます。

　また，2015年度から新設された「生活困窮者自立支援制度」は，生活保護の手前で生活の相談や支援をしてくれる制度ですが，そのなかには失業して家賃が払えない場合に家賃分を補助してくれる「住居確保給付金」という仕組みもあります。

　家賃が払えないほど生活に困っている場合は，早めに役所の窓口に行って，自分の生活を立て直すために，どの制度を使えるか，相談をしてみてください。

　自分が生活に困ったり，家賃を払えなくなるというのは，あまり想像をしたくないことですが，どんな状態になっても，自分には「居住権」や「生存権」がある，ということは忘れないでほしいと思います。自分だけでなく，もし友人やまわりに困っている人がいたら，教えてあげてください。

　――「居住権」と「生存権」ですか。でも役所に相談するのは心理的にハードルが高そうですね。

　役所に行きづらい場合は，生活困窮者の支援をしている専門のNPOや法律家に相談してみる，という手もあります。なかには，役所がきちんと対応してくれなかった場合に窓口まで同行してくれるところもあります。

　私たちの社会では「他人に迷惑をかけてはいけない」という考え方が強いため，生活に行きづまっても自分でなんとかしようとして，結果的に悲劇が起こってしまうということが繰り返されています。

　2018年6月には，東京・新宿の漫画喫茶で暮らす25歳の女性が，店内で赤ちゃんを

出産してしまい，その子を殺してコインロッカーに遺棄するという衝撃的な事件が起きました。逮捕された女性は「赤ちゃんが声を上げたので周囲にばれると思って殺した」と供述したと言います。

この女性のやってしまったことは犯罪ですが，彼女がもっと早い段階でまわりに助けを求めていたら，悲劇は防ぐことができたはずです。

女性の妊娠についての相談にのっているNPOによると，住まいを失い，ネットカフェなどで暮らす妊婦さんは決してめずらしくないと言います。今では電話だけでなく，SNSを使った相談活動を始めているNPOも増えているので，住まいや生活のことで悩みがあったら，気軽に相談をしてみることをお勧めします。

日 本 の 住 宅 政 策 は ど う な っ て い る の ？

——住まいに困っている人たちに対して，国が住宅を提供してくれる制度はないのですか？

みなさんも都営住宅，県営住宅，市営住宅という名前を聞いたことがあるかと思います。これらの住宅は「公営住宅法」という法律にもとづき，低所得者に対して行政が安い家賃で住宅を提供する「公営住宅」というしくみです。

ほかにも，中所得者向けに都市再生機構という独立行政法人がつくっている「UR賃貸住宅」や地方住宅供給公社がつくる「公社住宅」など，公的な性格をもった住宅はあります。

しかし，これらの公的住宅をすべて合わせても，賃貸住宅の2割程度，住宅全体の7％程度しかありません。そのため，大都市部では公的住宅に入りたくても入れない人がたくさんいます。東京では，ひとり暮らしの人向けの都営住宅に入るためには，20倍以上の倍率の抽選に通らないといけないという状況が続いています。

ちなみにヨーロッパ諸国では，公的住宅が住宅全体の十数％から二十数％をしめており，日本よりずっと入りやすくなっています。

日本で公的住宅が少ない背景には，戦後の日本の住宅政策が中間層に持ち家を取得させることに主眼がおかれ，低所得者の住宅を保障するという観点が弱かったことがあげられます。

——持ち家というのは，自分で買った家のことですよね。私の両親も住宅ローンを払うのが大変だと，時々，言っています。

数千万円の家を買って，20〜30年もかけてローンを返済している家族の話はよく聞きますよね。日本では全体の約6割の人が持ち家に暮らしていて，これは国際的に見ても

高い水準です。

　でも，上の世代の人たちが何十年もローンを返しつづけることができたのは，長年，多くの日本企業が「若いときに正社員として入社したら，定年までずっと勤めあげることができる」という終身雇用制度と，「年齢に応じて給料が自動的に上がる」という年功序列のしくみを維持してきたからです。これらのしくみは「日本型雇用システム」と言われてきました。

　ところが，今から 20 〜 30 年前頃から，この「日本型雇用システム」は少しずつ壊れてきました。今では，派遣やアルバイトなど，正社員ではない働き方をする人が働く人の 4 割にまで達しています。その人たちのなかには，年収 200 万円未満で働く「ワーキングプア」とよばれる人たちも多数含まれています（2 章 5，3 章 5 参照）。

　そのように人々の働き方が変わってきて，何十年も住宅ローンを支払いつづけるのが難しい人が増えてきました。30 代で持ち家に暮らす人は，1988 年には半数近く（49.4％）いましたが，2013 年には 38.6％まで減っています。

図表 1　若年層の持ち家率の推移（単位：％）

	1988 年	2013 年
29 歳以下	12.0	7.8
30 〜 39 歳	49.4	38.6

出所）住宅・土地統計調査より。

　その一方で，アパートやマンションを借りている人が支払っている家賃も上がっています。年収 200 万〜 300 万円の人が払っている家賃の平均額は，月 3 万 1595 円（1988 年）から月 5 万 501 円（2013 年）へと 60％近く上昇しています。

図表 2　民間賃貸住宅に暮らす低所得者が支払っている
家賃の平均額（単位：円）

年収	1988 年	2013 年
100 万未満	23,931	39,715
100 万〜 200 万	28,464	42,640
200 万〜 300 万	31,595	50,501

出所）住宅・土地統計調査より。

　社会の状況が変わり，働き方が大きく変わったのに，昔のままの住宅政策が続いていて，変化に対応できていない，というのが今の状況だと考えます。

「居住福祉」とは何か？

　──誰もが安心して暮らせる社会にしていくためには何が必要なのでしょうか。

まずは，私たち自身の「住まい」に対する意識を変えていくことが必要です。

「住まい」は，すべての人間生活の基盤であり，福祉の基礎です。適切な「住まい」は基本的な人権として，すべての人に保障されるべきである，という考え方を「居住福祉」と言います。

ところが，戦後の日本社会では「住まいは長年にわたる自分の努力によって，ようやく手に入れることができる高額の商品である」という考え方が主流になってきました。そのため，公的な住宅が少ないことに疑問をもつ人は多くありません。

「居住福祉」を提唱した故早川和男さん（神戸大学名誉教授）は，生前，「日本人は住宅に公的支援がないことに疑問を感じない。マインドコントロールにかかっているようなものだ」と指摘していました。

月々の家賃負担や住宅ローンが人々の生活に重くのしかかり，家賃やローンを払うために働いているかのような日本社会の現状をそのまま受け入れるのではなく，前提から疑ってみることが「マインドコントロール」から自分を解き放つ第一歩になるのではないでしょうか。

そのうえで，ぜひ各政党や政治家が住宅政策について何と言っているのか，チェックをして比べてみてください。一人ひとりが「住まい」についての意識を高め，選挙のたびにあるべき住宅政策が議論されるようになれば，「住まい」をめぐる問題も解決に向かうはずです。

参考文献 --

早川和男『居住福祉』岩波書店，1997 年
日本住宅会議『若者たちに「住まい」を！──格差社会の住宅問題』岩波書店，2008 年
平山洋介『住宅政策のどこが問題か──〈持家社会〉の次を展望する』光文社，2009 年
飯島裕子・ビッグイシュー基金『ルポ若者ホームレス』筑摩書房，2011 年
小玉徹『居住の貧困と「賃貸世代」──国際比較でみる住宅政策』明石書店，2017 年
稲葉剛『ハウジングプア』山吹書店・JRC，2009 年
稲葉剛『貧困の現場から社会を変える』堀之内出版，2016 年

（稲葉　剛）

7 子どもの貧困

キーワード　絶対的貧困，相対的貧困，母子世帯，子どもの貧困対策法

　みなさんは子どもの貧困について知っていますか。親を亡くした「遺児」らを支える
NGO（非政府組織）のあしなが育英会に寄せられた高校生の声を紹介します。

　「電気代などを私のアルバイト代などで払っています。家のボイラーの修理ができず，
お湯が出ないので水のシャワーを浴びています」（女子@千葉）
　「家族がぎくしゃくしている。友だちと遊びに行けることが少なく，付き合いが悪いと
思われがち」（男子@佐賀）
　「正直明日食べるご飯に困っている。自分が早く自立できたらと何度もふさぎ込んだ」
（男子@福岡）
　「バイトなどの疲れで授業で寝てしまいがち。成績も下がり，バイトの量を減らすなど
したい。給料もっともらえたら，給料減らずに，休めたりできて勉強の時間も増えるし，
睡眠時間も今より増えるかなと思っています」（女子@福岡）
　「お金がないので，昼食が買えないことがある。金銭的な問題で家庭が崩壊寸前……私
は病んでしまって学校への遅刻欠席が増えるばかり。精神科などへ行きたいが，お金がな
いので通えず病んだまま」（女子@東京）

　──うわぁ，僕はたまたま恵まれた環境にいるけど，同世代の人たちが大変な状況のな
　かで生活しているなんて想像がつかなかった。僕ならくじけてしまいそうだな。

貧困とは ── 絶対的貧困と相対的貧困
　ところで，そもそも貧困とはどのようなこと・状態だと思いますか。

　──貧しくて，お金がない，ご飯が食べられないこと，あと途上国などで学校に行けな
　いこととか，かなあ。

　貧困の定義は複数のものがありますが，大きく「絶対的貧困」と「相対的貧困」に分か
れます。答えてくれたことは，絶対的貧困の内容になります。つまり，絶対的貧困とは，
人間として最低限の生存を維持することが困難な状態，飢餓に苦しんでいたり，医療を受
けることがままならなかったりする状態です。世界銀行では1日の所得が1.25米ドルを

貧困ラインとしていますが，絶対的貧困の基準は国や機関，時代によって異なります。

　ところで携帯（スマートフォン）をもっている生徒は貧困ではないのでは？　どう思いますか。

　——うん，スマホをもっているなら貧困じゃないんじゃないかな。

　ところが，携帯をもっていても相対的貧困だということがありえます。相対的貧困とは，その国の文化水準，生活水準と比較して困窮（こんきゅう）した状態を指します。貧困ラインは世帯の所得が，その国の等価可処分所得（とうかかしょぶんしょとく）（世帯の収入から税金・社会保険料などを除いた，いわゆる手取り収入を世帯人員の平方根で割って調整した所得）の中央値の半分の額にあたり，相対的貧困率はその額に満たない割合を表します。2015（平成27）年の日本の所得の中央値は245万円なので，その半分の122.5万円以下の人の割合になります。相対的貧困率は，単純な購買力よりも国内の所得格差に注目する指標であるため，比較的豊かな先進国でも高い割合が示され，携帯をもっていても相対的貧困ということはありえます。

図表1　貧困率の年次推移

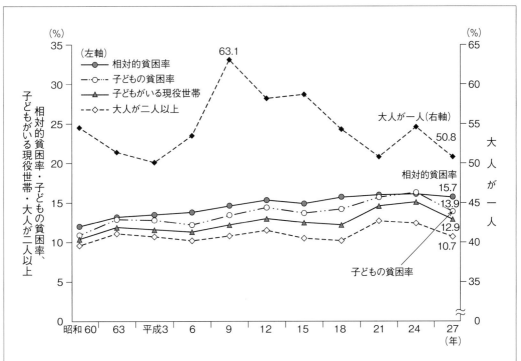

注）1：平成6年の数値は，兵庫県を除いたものである。
　　2：平成27年の数値は，熊本県を除いたものである。
　　3：貧困率は，OECDの作成基準にもとづいて算出している。
　　4：大人とは18歳以上の者，子どもとは17歳以下の者を言い，現役世帯とは世帯主が18歳以上65歳未満の世帯を言う。
　　5：等価可処分所得金額不詳の世帯員は除く。
出所）厚生労働省「平成28（2016）年国民生活基礎調査の概況」。

——そうか，先進国は豊かで，貧困などないと思っていたけど，日本は「相対的貧困率」が高いんですね。

　先に貧困をかかえる状態の子どもたちの声を紹介しましたが，これは見えにくい相対的貧困にあたり，「自己責任だ」「死ぬわけではない」「適切な助けを求めるネットワークをもたないのが悪い」というような言葉で片づけてしまうわけにはいきません。

　厚生労働省の資料を見ると，経済的にきびしい家庭で育つ 17 歳以下の子どもの割合を示す子どもの相対的貧困率は 1990 年代半ば頃からおおむね上昇傾向で，2012 年は 16.3％で 6 人に 1 人，それが 2015 年に 13.9％で 7 人に 1 人となりました。日本は，先進国のなかでも 34 か国中 10 番目と貧困率が高く，依然深刻な問題となっています（OECD 調査）。そして，とくに母子世帯が深刻な状況です。

　なぜ，母子世帯が深刻な状況なのか，理由はわかりますか？

　——女の人の給料が男の人より少ないからかな。子育ての時間の都合でパートの仕事にしか就けないと，あまり給料がもらえないだろうし。

　日本の貧困ライン以下の世帯の割合を国際比較すると，子どもがいる現役世帯の相対的貧困率は 15.6％ですが，そのうち，ひとり親世帯の相対的貧困率は 50.8％と，大人が 2 人以上いる世帯に比べて先進国のなかで群を抜いて高くなっています（2015 年）。具体的には，日本では 18 歳未満の子どものいる一般世帯の平均年収は 673 万円なのに，母子世帯の総所得は児童扶養手当などを入れても 243 万円と 3 分の 1 程度しかありません（父子世帯は 420 万円）。なぜこんな理不尽なことになるのでしょうか。

　日本の会社は子育て中のシングルマザーをなかなか正社員として採用しませんから，パートや非正規といった条件の悪い仕事に就くしかありません。生活保護を受ければいいと思う人もいるでしょうが，日本は生活保護の利用率が人口比で 1.6％ときわだって低い国であり，受給するのは簡単なことではありません。また日本では，生活保護を受けることを恥と感じたり，子どもがいじめられるのではないかという心配もあり，たとえ生活保護の受給資格があってもシングルマザーは働こうとします。これが，高い就業率と低い収入の理由になっています。

　——もっと生活費とかが支給されるといいのに。

　先にも触れたように，最近の相対的貧困状態にある子どもはひと昔前の「貧乏」と違い，普通の服を着て携帯をもち，ぱっと見ても，少し話しても，それとわからないうえに，子どもたちが「助けて」と言うことはまれです。そのため必要な支援が遅れ，子どもや若者たちは仕方がないとあきらめ，希望を失ってしまいかねません。

　憲法には「最低限度の文化的な生活の保障」と，「幸福を追求する権利」がうたわれて

いますね。

　日本政府も 2014 年には，子どもの貧困対策法（正式名：子どもの貧困対策の推進に関する法律）を施行し，子どもの将来が生まれ育った環境に左右されないようにすることを基本理念に掲げて，貧困対策の基本事項などを定めました。法律とは直接関係はないものの，子ども食堂や貧困家庭向けの学習支援がブームとなるなど，子どもの貧困という課題があることを世間に知らしめたという点で大きな成果があったと言えます。また同法にもとづき，政府は同年 8 月，教育や生活の支援，保護者の就労支援，貧困の実態をつかむための調査研究など重点政策をまとめた大綱を閣議決定しました。

　さらに 2019 年には，改正子どもの貧困対策法が成立し，貧困対策に関する計画策定の努力義務を都道府県だけでなく，市区町村に課すことが決定されました。同改正法は，子どもの将来だけでなく現在にも着目し，貧困の状況にある子どもだけでなくすべての子どもを対象として，児童の権利に関する条約の精神にのっとることを明記しました。法の目的を貧困対策の推進ではなく貧困の解消に資することに修正している点，などで前進しています。しかし最終的には，子どもの貧困対策が必要のない社会をつくることが目標であると言えるでしょう。

参考文献 ---

　湯浅誠「『子どもの貧困』に対してあなたができること──子ども食堂（子どもの居場所）フォーラム」基調講演，2018 年（bigissue-online.jp/archives/1069567904.html　2020 年 3 月 9 日最終確認）

　小林泰士「相対的貧困率とは何か」2016 年（bigissue-online.jp/archives/1017887481.html　2020 年 3 月 9 日最終確認）

　山野良一「子どもに貧困を押し付ける国・日本」公益財団法人かながわ生き活き市民基金，子ども・若者の貧困に立ち向かう市民活動を支援する基調講演，2016 年

　橘玲「母子家庭の半数以上が貧困家庭！恐るべき日本の現実」『専業主婦は 2 億円損をする』Cakes,2018 年 6 月（https://cakes.mu/posts/21295　2020 年 3 月 9 日最終確認）

　桜井すぐる「子どもの貧困対策法改正へ　5.15 緊急院内集会報告」2019 年 5 月 15 日（sakuraisuguru.jp/2019/05/15/kodomohinkon　2020 年 3 月 9 日最終確認）

　阿部彩『子どもの貧困──日本の不公平を考える』岩波新書，2008 年

　宇都宮賢治・湯浅誠『反貧困の学校』明石書店，2008 年

（金沢はるえ）

地球の未来はどうつくる？
——気候変動とエネルギー問題

キーワード　気候変動（気候危機），パリ協定，脱炭素，エネルギー転換，
　　　　　　再生可能（自然）エネルギー100％

暑い夏は温暖化のせい？

毎年，夏になると「○○市で最高気温○℃」というニュースが出るね。

——それって地球温暖化のせいなんですか？

「この夏は暑いから今年は温暖化が起きている」というものではありません。地球温暖化は，長期的に地球全体で起きている問題です。短期的・地域的には気温上昇が起きない場合もあります。「地球温暖化」を英語では "Climate Change" と言います。直訳すると「気候変動」。暖かくなることだけでなく，地球の気候全体が大きく変わりつつあることが問題なので，ここでは「気候変動」という用語を使います。最近では「気候危機」という用語も用いられます。

気候変動は起きてるの？

——温暖化……っていうか「気候変動」は起こってるんですか？

気候変動が起こっているかどうかは，地球全体の問題であり，科学的にとらえることが必要です。世界中の国々が協力してこの問題に取り組むために「気候変動に関する政府間パネル」（IPCC）が1988年に設立されました。世界中の科学者が協力し，気候変動に関する研究をまとめた報告書を数年おきに出してきました。2013〜14年に出された『第5次評価報告書』（『AR5』）は，「気候システムの温暖化には疑う余地はない」「人間の影響が20世紀半ば以降に観測された温暖化の支配的な要因であった可能性が極めて高い（95％以上）」と述べています。

この「人間の影響」って何のことかわかりますか？

——人間が石油を使って二酸化炭素（CO_2）を大量に出していること？
——石炭や天然ガスも！

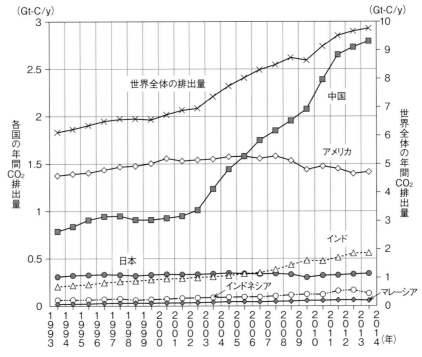

図表1　二酸化炭素（CO$_2$）排出量の推移

出所）国立環境研究所ホームページ「環境儀」NO.62。

　そう。石炭，石油，天然ガスなどの化石燃料には炭素が含まれていて，燃やすとCO$_2$ が発生します。CO$_2$ 以外にもメタンやフロンなどの地球を暖める物質があって，これを「温室効果ガス」（GHG）と言います。産業革命（18世紀後半）以降の化石燃料の大量使用という人為的な活動によって，気候変動が起きていることは，ほぼ間違いないようです。

――「温暖化なんて起こってない」って言ってる人もいるんでしょう？

　そのような主張を「温暖化懐疑論」と言います。米国のトランプ大統領は温暖化懐疑論者の1人ですね。「気候変動は起きているが，人間の活動が主因ではない」と主張する人もいます。そういう人たちは，私の知るかぎりでは気候変動の専門家ではありません。「気候変動が起きているのか否か」「気候変動が人為的活動によるものかどうか」は，常に検証することが必要ですが，それは専門家の研究によるべきで，非科学的な言説や政治的宣伝と区別することが必要です。トランプ氏は，気候変動に限らず非科学的な主張を繰り返しています。また彼は，炭鉱労働者や化石燃料産業を支持基盤としています。温暖化懐疑論は，化石燃料産業などCO$_2$ 排出量削減に反対する産業が意図的に宣伝していると言われています。

パリ協定の採択と発効

——日本では「猛暑」が問題になるけど，世界ではどうなんですか？

2019年夏は，欧州各国でもこれまでにない猛暑でした。中国やインドでは豪雨・洪水が起きるなど，世界各地で気候変動が原因と考えられる異常気象が起きました。「極端な気象現象」は気候変動によって起こりやすくなると言われています（『AR5』）。北極圏では森林火災が相次いで起き，「前代未聞の事態」と言われています。アマゾン流域やインドネシアでも大規模な森林火災が起きています。これも気候変動が関係していると言われています。

——なんか地球が滅亡に向かっているようでヤバいんじゃない？
——私たち，どうすればいいんですか？

そう。気候変動問題に対しては，これから自分たちで解決に向けて行動していくことが必要です。まず，世界の現状と対策を見ていきます。

18世紀後半以降，地球の平均気温は，1℃上昇したと言われています（IPCC『1.5℃特別報告書』：後述）。気温上昇を2℃以内に抑えるには，2011年以降の人為的な累積CO_2排出量を1兆トンに抑える必要があると言われています。これを「カーボンバジェット（炭素予算）」と言います。近年の世界のGHG排出のペースがこのまま続けばあと20〜30年で「2℃上昇」を超えてしまう。それまでに世界全体が協力して排出量削減に取り組む必要がある。これが科学的に要請されていることです（『AR5』）。

——私たちが生きている今の時代にCO_2排出量を減らして温暖化をくいとめなければいけないということですね。

そうです。それも世界中で協力して取り組む必要があります。世界でこれから取り組む気候変動対策として，2015年12月に「パリ協定」が採択され，2016年11月に発効しました。2020年以降の世界の気候変動対策を定めたもので，法的拘束力をもちます。世界中の国々・地域がともに地球温暖化対策に取り組むことに，歴史上初めて合意した条約です。

——どういうことを決めたんですか？

パリ協定は，「世界の平均気温上昇を産業革命（18C後半）以前に比べて2℃より十分低く保つとともに1.5℃に抑える努力を追求する」。そのために「今世紀後半に人為的な温室効果ガスの排出と吸収源による除去の均衡を達成する」ことを掲げています。

───「2℃上昇」までなら地球はだいじょうぶなの？

　先に述べたパリ協定の目標は「2℃目標」とよばれていますが，決して「2℃までなら上昇してよい」とは言っていません。地球の平均気温上昇を2℃以内に抑えても，地球の生態系には大きな影響があります。世界には，化石燃料をもっと使いたい国がある一方で気候変動の影響を受けやすい国もあります。「2℃目標」は，いわば妥協の産物です。

　この「2℃目標」達成のために，パリ協定は21世紀後半までに人間によるCO_2などの排出量を世界全体で"実質ゼロ"にするとしています。これは化石燃料を使わないことを意味します。すなわちパリ協定の採択は，今後世界が「低炭素」ではなく「脱炭素」＝「CO_2排出量ゼロ」（ゼロエミッション）に向かうこと，そして21世紀後半までに「化石燃料を使わない世界をつくる」ことに合意したことを意味しています。

───ということは，石油も石炭も天然ガスも全部ダメってこと？
───そんなことほんとにできるの？

　パリ協定以前に，2009年の主要8か国首脳会議（G8）では「2050年までにGHG排出量80％削減」という合意が成立しています。日本政府も2012年4月に「2050年までに80％削減」を閣議決定しています。パリ協定はその延長上に，世界全体のGHG排出削減目標を定めたものと言えます。「化石燃料を使わない世界」ができるかどうかは，もう少しあとで考えます。

パ リ 協 定 後 の 世 界 の 動 き

───気候変動をくいとめるって，すごくムズかしくね？
───あと30年たらずで2050年だけど，間に合うの？

　パリ協定採択と前後して，世界は省エネルギーと再生可能エネルギー（自然エネルギー：以下，再エネ）による脱炭素化に向けて大きく動きはじめました。デンマーク政府は2050年までに電力・熱・輸送において再エネ100％をめざすことを2012年に決定。同国の首都コペンハーゲン市は，2025年までに再エネ100％をめざします。ハワイ州（米国）は2045年までに，ミュンヘン市（ドイツ）は2025年までに，それぞれ電力を再エネ100％でまかなうこと，バンクーバー市（カナダ）は2050年までに電力・熱・輸送を再エネ100％でまかなうことを宣言しています。再エネ100％をめざす州政府・自治体の運動「世界RE100％プラットフォーム」は世界各地に広がっており，日本でも福島県・長野県・宝塚市などが再エネ100％をめざすことを掲げています。2016年末の気候変動枠組条約第22回締約国会議（COP22）で気候脆弱国連合約40か国は，2030〜50年に再エ

ネ100%を実現する構想「マラケシュビジョン」を打ち出しました。

　再エネのみで事業を運営することをめざす（あるいはすでに達成している）企業連合「RE100」には，世界で200社以上が参加し，日本からはリコーをはじめ25社と環境省・外務省が参加しています。このように再エネ100%に向けた取り組みは，国家政府だけでなく，世界中の州政府や企業・自治体・NGOなど非政府主体に広がっています。

　――日本はどうなんですか？

　日本政府は2019年7月の「第5次エネルギー基本計画」で，2030年に再エネ22〜24%，原発20〜22%，化石燃料56%という方針を打ち出しています（資源エネルギー庁ホームページ）。

　――ということは，2030年時点で化石燃料が半分以上，残りを再エネと原発半々ですか？
　――それで，その先「21世紀後半に排出量ゼロ」にできるんですか？

　簡単ではないでしょう。でも世界は，「排出量ゼロ」を「21世紀後半」よりも前倒しで実現する方向に動いています。

国 連 『 1.5 ℃ 特 別 報 告 書 』

　――どういうことですか？

　先に述べたように，パリ協定は「2℃目標」とあわせて地球の平均気温上昇を「1.5℃に抑える」という努力目標を掲げています。けれども当時は，「2℃上昇」と「1.5℃上昇」の差がよくわかっていませんでした。そこで，この違いを明確にするためにIPCCは，2018年10月に『1.5℃特別報告書』（『SR1.5』）を発表しました。次のような内容です。
①気候変動は，すでに世界中で生活や生態系に大きな影響を与えている。
②「2℃上昇」では「1.5℃上昇」に比べて食料の収穫量，種の絶滅，水不足など，さまざまな点でより大きな被害が生じる。たとえば，熱波に見舞われる世界人口は約17億人増加する。洪水リスクにさらされる世界人口は2倍から2.7倍に増加する。
③気温上昇を1.5℃上昇以内に抑えることは不可能ではない。
④そのためには社会のすべての面で大きなトランジション（transition：移行，変化）が必要。
⑤持続可能な開発目標の達成と歩調を合わせて「1.5℃以内上昇」を実現することは可能である。

⑥地球の平均気温上昇を産業革命期よりも 1.5℃以内に抑えるためには，2050 年まで
に温室効果ガス排出量をゼロにすることが必要である。

　——ということは「1.5℃上昇」以内にしないどダメなんじゃないの？

　気をつけなければいけないのは『SR1.5』は，地球の気候についての科学的な事実の確
定や因果論・将来予測で，「こうしないとダメ」「こうすべきだ」という内容ではないので
す。これからの気候変動対策について「〜すべきだ」という個々人の考えや政策を「〜し
よう」という意思決定は，その「科学の要請」に従って私たちが決めていく必要がありま
す。

　——⑥は，パリ協定よりきびしい内容ですね？

　そうですね。パリ協定では「21 世紀後半に排出量ゼロ」ですから。付け加えると，現
在，世界各国が掲げている国別削減目標が全部達成できても，地球の平均気温は今世紀末
に 3℃上昇してしまうと予測されています。

世界は「2050年排出量ゼロ」へ

　——このままでは，パリ協定の「2℃目標」すら守れないの？
　——おまけにトランプさんは，パリ協定の離脱を宣言したんでしょう？

　トランプ政権のもとで米国政府はパリ協定離脱を表明しています。気候変動問題は，世
界中の国々が協力して取り組む必要があるし，米国は世界第 2 位の CO_2 排出国ですから
困ったものです。けれど実際に米国がパリ協定を離脱できるのは，2020 年の大統領選挙
が行われたあとです。
　確かに世界の気候変動対策には，多くの問題があります。しかし，そういう状況に対
し，世界中で危機意識が高まって「気候変動対策をもっと進めよう」という市民や NGO
などの主張や行動が大きくなっています。2018 年 8 月にスウェーデンの中学生グレタ・
トゥンベリさんが，1 人で国会議事堂前で「気候のための学校ストライキ」という看板を
掲げて始めた運動は，「未来のための金曜行動」として半年で 120 か国以上の子どもたち
に広まりました。2019 年 9 月の国連気候変動サミット前には「グローバル気候マーチ」
が，世界 150 か国，4500 か所で行われ，400 万人以上の人々が参加しました。日本でも
23 都道府県で行われ 5000 人以上が参加しました。
　世界では，『SR1.5』と前後して，パリ協定を前倒しして「2050 年排出量ゼロ」をめざ
すべきだ，という動きが強まっています。2050 年までに国の CO_2 排出量をゼロにする宣

図表2　2019年のCOP25の会場外で対策が不十分だとしてデモを行う若者たち

出所）時事通信提供。

言をする「カーボンニュートラル連合」（CNC）には，デンマークのほかドイツ・フランス・スペインなど19か国が参加しています。日本でも京都市と東京都が「2050年にCO$_2$排出量ゼロ」を表明しました。

　また，世界の金融機関は，パリ協定以降「脱炭素」すなわち化石燃料産業とりわけ石炭産業からの投資撤退（ダイベストメント）の方向に向かっています。欧州の大手保険会社，世界銀行，ノルウェー年金基金や世界の多くの自治体がダイベストメントの方針を打ち出しています。

　世界では『SR1.5』が述べる「大きなトランジション」が，化石燃料社会から再エネ100％社会への移行という形で，すでに起きつつあります。これは，「エネルギーヴェンデ」（エネルギー大転換）とよばれています。

再生可能エネルギー100％は可能か？

　──再生可能エネルギー100％ってほんとにできるんですか？

　2050年までに再エネだけで世界の電力・熱・輸送（交通）をまかなうことができるという報告（再エネ100％シナリオ）が，さまざまな研究機関によって出されています。日本についても2011年以降，複数の「再エネ100％シナリオ」が発表されています。その一つ，「脱炭素社会に向けた長期シナリオ2017」では，日本で2050年までに再エネ100％を達成することは可能であり，これによって40年間に84兆円の便益（べんえき）が生じるとしています。

自分たちの未来は自分たちで考えよう

——日本も再エネ100％にできるんなら，そっちに向かうべきでは？

——化石燃料ゼロはムリだと思う。

——原発はなくしてもだいじょうぶなの？

——原発は危ないんじゃない？

　さまざまな意見が出ましたね。日本のなかでも世界でも，気候変動対策や将来の社会の方向性，とりわけエネルギーのあり方については，さまざまな意見があり，さまざまな利害対立があります。それを知って，みんなで考え，話し合って決めることが大切ではないでしょうか。

　CO_2排出量削減は，再エネと省エネによってもできるし，原発に頼ることでもできます。

　ただし原発がCO_2を排出しないのは運転中だけで，ウラン採掘や原発廃炉の過程ではCO_2を排出します。また，2011年3月の東京電力福島第一原発事故以降，原発は安全対策に大きな費用がかかるようになりました。世界中で，原発は建設コストが高騰しています。その一方で再エネのコストが下がってきたので，原発からつくる電気は市場競争力を失ってきています。

　日本では，賠償・汚染水対策・廃炉など原発事故の対応費用は青天井にふくらんでおり，80兆円を超えるという試算もあります。また，原発から出る使用済み核燃料（核のゴミ）の問題は，日本を含めて世界中のほとんどの国々で解決策が決まっていません。

　今，世界では「自分の国だけがよければいい」という風潮や「自分の国（の文化や伝統）が一番すばらしい」という考え方が，さまざまな問題を引き起こしています。けれども，日本は戦後，世界の国々と協力・協調し，世界の平和を守ることで国際社会に貢献してきました。気候変動問題への対応についても，そういう姿勢が必要ではないでしょうか。地球の気候を安定化させることは，世界中の人々が協力しないとできないことです。

参考文献・資料--

ナオミ・クライン『これがすべてを変える——資本主義 VS. 気候変動』（上・下）岩波書店，2017年

「日本のRE100加盟企業一覧」SUSTAINA（サステナ）ホームページ（2020年2月20日最終確認）

「脱炭素社会に向けた長期シナリオ2017」WWFジャパンホームページ（2020年2月20日最終確認）

槌屋治紀「ラッペーンランタ工科大学のグローバルな100％再生可能エネルギーシステム研究」エネルギーデモクラシー，2019年6月11日（https://www.energy-democracy.jp/2668　2020年2月20日最終確認）

小西雅子「世界の温暖化対策の長期戦略は1.5℃レースの様相？」SankeiBiz，2019年6月25日（2020年2月20日最終確認）

「石炭火力から撤退する世界の動きと日本」自然エネルギー財団ホームページ「報告書・提言」2018年7月10日（2020年2月20日最終確認）

「事故処理費用，40年間に35兆〜80兆円に」日本経済研究センターホームページ「エネルギー・環境の未来を語るラウンドテーブル」2019年3月7日（2020年2月20日最終確認）

（柏　秀樹）

9 プラスチックとSDGs
──私と地球の今・未来

キーワード　海洋汚染，マイクロプラスチック，リサイクル，レジ袋有料化，
　　　　　　持続可能な開発目標（SDGs），脱プラ

　カップや弁当容器が紙製に変わったお店が増えたと思いませんか？　よく見ると，コンビニおにぎりの包装も材質が変わったチェーンがあります。レジ袋有料化のニュースを耳にすることも増えました。これらはすべて「脱プラ」とよばれる動きです。みなさんもよくご存じの世界的コーヒーチェーンや日本の外食大手が相次いでプラスチックストローの廃止を発表するなど，なにかと話題のプラスチック。いったい何が問題で，私たちの生活や地球の未来とどのようにかかわっているのでしょう？

私たちをとりまくプラスチック

　みなさんは，昨日使ったプラスチック製品をすべてあげられますか？

　ペットボトル，レジ袋，お弁当容器やスプーン，お菓子の包装など，飲食物関連のものは連想しやすいでしょう。1日を朝からよく思い出してもらえれば，歯ブラシ，歯磨き粉やシャンプーの入れ物，洗面器といった水回りのものに加え，衣類や靴，消しゴムやペンなどの文具，パソコンやゲーム機，冷蔵庫やエアコン，机などの家電・家具，自動車や鉄道などの乗り物にも使われていることに気づくはず。定期券，部活で使っているラケットや人工芝，メガネやコンタクトレンズ，スマホもですよ。自分の家にプラスチックを含んだ製品がどれくらいあるか探してみてください。おそらく数百点になるのでは。コンビニやスーパーでプラスチックがいっさい使われていない商品も探してみましょう。きっと難しいはずです（商店街の八百屋さんやお肉屋さんと比べてみてもおもしろいでしょう）。

　プラスチック製品が一般家庭に普及しはじめたのは20世紀後半のことです。100年もたたないうちに私たちにとってなくてはならない存在になったのは，安さ，じょうぶさ，軽さなど多くの利点があったからです。ところがその利点ゆえに安易に捨てられたり，自然に分解されずに残ってしまうといった形で，地球環境や私たちの未来をおびやかすようにもなってきました。生産や焼却にともなう地球温暖化への影響も見逃せません。

　　──プラスチックのない生活なんて，もう想像もできないな……。

　生活・産業のすみずみを支えるプラスチックすべてを別のものに置き換えるのは難しい

かもしれません。ただ，昨日買ったペットボトルやコンビニでもらったレジ袋，どうしましたか？　ペットボトルをマイボトルがわりに何度か使うことはあるかもしれませんが，たいていは飲み終わったらすぐ捨てていませんか？　レジ袋をごみ袋として使うこともあるでしょうが，小さなものだとすぐに捨ててしまうことも多いでしょう。オーストラリアのある調査では，レジ袋は使用からわずか 12 分後には捨てられてしまうそうです。だとしたら，その 12 分間のレジ袋は本当に必要なのでしょうか？　不要なプラスチック製品はないか，とりわけ使い捨てプラスチックの問題点やその解決策について，みなさんで考えてみましょう？

プラスチックごみの現状と海洋汚染問題

　鼻にストローが刺さったウミガメやレジ袋を飲み込んだクジラの映像を見たことがある人もいるでしょう。ダボス会議で知られる世界経済フォーラムで，年間少なくとも 800 万トンのプラスチックが海に流出し，このまま対策をとらなければ 2050 年までに海のプラスチック量が魚の総重量を超えるという警告がなされました（エレンマッカーサー財団，2016 年）。自然分解されないプラスチックは，波や紫外線の影響で砕かれマイクロプラスチックとよばれる微粒子となり，海の生き物に取り込まれます。プラスチックは有害物質を吸着しやすい性質があり，食物連鎖を通じて私たちの体内にも蓄積することが懸念されています。すでに日本を含む複数国の人の便からプラスチックが検出された調査報告もあります。ただし，汚染状況の実態や人体への影響はわからないことが多く，この問題の解決を困難にしています。

　――確かに最近よく聞く話題ですが，日本はあまり関係ないんじゃないでしょうか。海にポイ捨ても少ないだろうし，私の家族はペットボトルを洗ってラベルもはがして資源ゴミの日に出しています。日本はリサイクルが進んでいる印象です。

　そう考えている人が多いかもしれませんね。ただ海洋プラスチックは，ごみとして海に直接捨てられたものとは限りません。漁網などが海洋中に放置される場合もあれば，街中に捨てられたプラ容器が側溝から河川を通じて海に流れ出す場合もあります。ごみ箱に捨てたつもりのレジ袋が，風に飛ばされ路上ごみとなり海に行き着くこともあるんです。洗顔や歯磨きでスクラブ剤が，洗濯でフリースなどの化学繊維が，自宅から下水を経て海に流れ込むこともあります。ポイ捨てでなくても自覚なく出すプラスチックごみは意外に多く，海洋プラスチックの 8 割以上は，陸上で発生し海に流入したものと言われています。

　なかでもとくに多いのが使い捨て容器包装プラスチックです。その生産量は 1964 年の 1500 万トンから 50 年間で 20 倍，2050 年には 75 倍にもなる見通しです（エレンマッカーサー財団）。国連環境計画（UNEP）によれば，容器包装用に使われるプラスチックは世界全体のプラスチック生産量の 36％，プラスチックごみの 47％を占め，いずれも最多割合

です。その容器包装プラスチックの国民1人あたり廃棄量が日本は世界2位で，この問題への日本の関与は否定できません。実際，ハワイ沖の「太平洋ごみベルト」とよばれる海域にただようプラスチックごみのうち，表示などから製造場所がわかったものの約30％が日本のものでした（東日本大震災の津波による影響も考えられる）。

　日本はプラスチック・リサイクルが進んでいるかについても検証が必要です。プラスチック循環利用協会によれば，日本はプラスチック廃棄物の84％を有効利用していることになっていますが（2018年），大半の56％が「サーマルリサイクル」とよばれる，焼却時の熱を発電などに利用するもので，国際的にはリサイクルに含めません。それを除く有効利用（プラスチック製品に再生したり，分解して化学原料にする）率は27％で，決して高いとは言えないでしょう。そのなかには，プラスチック廃棄物を「資源」として外国に輸出した分も含まれ，国内での「リサイクル率」はさらに低いのが実情です。

　世界最大のプラスチックごみ輸入国だった中国は，環境汚染や健康被害が社会問題化したことから，2017年に輸入禁止に踏み切りました。2019年には，有害廃棄物の国境を越えた移動を制限するバーゼル条約で，汚れた廃プラスチックが新たに規制対象に加わることが決まり，プラスチックごみの輸出は年々困難になっています。行き場をなくしたプラスチックごみは，国内の処理施設で焼却処分を待ち山積みにされています。

国際社会の対応と日本の動向

　2016年の世界経済フォーラムでこの問題が報告されて以降，世界の取り組みは加速します。2019年のG20大阪サミットでは，2050年までに海洋プラスチックごみによる新たな汚染ゼロをめざす「大阪ブルー・オーシャン・ビジョン」が打ち出されました。各国の動きも相次ぎ，フランスは2020年以降の使い捨てプラスチック容器の原則使用禁止を，インドは2022年までの使い捨てプラスチック製品の全廃を決めました。レジ袋については，127か国でプラ製レジ袋の使用に何らかの法規制があり，83か国が無料配布を禁止しています（2018年7月時点）。

　──日本では，レジ袋が有料のお店も，無料のお店もありますよね？

　日本でも何度かレジ袋有料義務化が検討されましたが，流通業界からの反対もあり，見送られてきました。各社の自主的な取り組みや，おしゃれなマイバッグが増えたこともあり，レジ袋を断る人の割合は上昇しましたが，この数年，50％台前半で頭打ちです（日本チェーンストア協会調査）。2018年のG7海洋プラスチック憲章への署名を見送った際には，日本の消極的姿勢に批判も寄せられました。そんななか，G20大阪サミットも契機となり，政府は小売店で使われるプラ製レジ袋について，2020年7月から有料化を義務づける方針を決定しました。あわせて環境省も，2030年までに使い捨てプラスチックの排出量を25％減らすことなどを盛り込んだプラスチック資源循環戦略をまとめました。

——2030 年と言われても，ピンと来ないなあ……。

持続可能な開発目標（ＳＤＧｓ）と２０３０年の世界

　それではこう考えてみてはどうでしょう。2030 年，みなさんがきっと多方面で活躍している頃，どんな世界になっていてほしいですか？　今の状況が続いてほしいこと，続いたり悪化してほしくないことなどの観点でいくつか具体的に考えてみてください。

　　——これ以上，夏が暑くなったり災害が増えるのはいやだなあ……。不景気になって就
　　　職できないのも困るし，格差拡大で対立が増えるのもいやだ。

　2030 年をそんな世界にしないために，すべきことは何でしょう？　不要なプラスチック製品を使わないこと，自然分解可能な代替素材を研究し新産業を育成することも選択肢になるのではないでしょうか。そんなふうに，2030 年に実現させたい世界について 17 分野の目標（とその下の 169 のターゲット）を掲げ，そこから逆算して今すべきことを世界中のみんなで考え実践しようとするのが「持続可能な開発目標（SDGs）」です。2015 年 9 月の国連総会で，「我々の世界を変革する：持続可能な開発のための 2030 アジェンダ」として全会一致で採択されました。このままでは世界は持続不可能であること，変革が必要なことが合意されたのです。

図表 1　持続可能な開発目標（SDGs）

目標 1：貧困をなくそう
目標 2：飢餓をゼロに
目標 3：すべての人に健康と福祉を
目標 4：質の高い教育をみんなに
目標 5：ジェンダー平等を実現しよう
目標 6：安全な水とトイレを世界中に
目標 7：エネルギーをみんなにそして
　　　　クリーンに
目標 8：働きがいも経済成長も
目標 9：産業と技術革新の基盤をつくろう
目標 10：人や国の不平等をなくそう
目標 11：住み続けられるまちづくりを
目標 12：つくる責任つかう責任
目標 13：気候変動に具体的な対策を
目標 14：海の豊かさを守ろう
目標 15：陸の豊かさも守ろう
目標 16：平和と公正をすべての人に
目標 17：パートナーシップで目標を達成しよう

右の写真（図表2）を見てください。SDGs の 17 目標のどれと関係するでしょうか？

—— 「目標 14：海の豊かさを守ろう」ですよね。
—— 「目標 12：つくる責任つかう責任」では？
—— 「目標 13：気候変動に具体的な対策を」も関係するでしょ。
—— 代替素材の開発で言えば「目標8」や「目標9」もだし，人体への影響を考えれば「目標3」も関係するんじゃないかな？

図表2　レバノンでの海洋汚染（2018 年 7 月）

出所）APF＝時事提供。

どれも正解！　実はそこに SDGs の意義があります。SDGs はそれぞれ独立した課題の集合であると同時に，相互に関連する包括的目標です。そのため，一つの問題がほかの課題や目標とつながっていることがより意識，共有されやすく，各分野の専門家が縦割りで事にあたるのではなく，多様な人々が出会い，協働して解決に向かうことができます。これは専門家に限った話ではありません。これまでの開発目標は途上国の課題解決を軸とし，先進国の人々にとって当事者性が意識しづらかったかもしれませんが，SDGs は人類共通の課題であり目標です。SDGs がめざす世界は，行政，企業，NPO，学生……など，どんな国のどんな立場の人にとっても自分事であるからこそ，世界的なムーブメントとしてこれまでにない広がりを見せています。SDGs という世界の共通言語があることで，私たちは自分と世界をつなげることができ，「誰 1 人取り残さない」という理念を協働のスクラムで実現することができるのです。

ＳＤＧｓから海洋プラスチック問題を考える
ＳＤＧｓで，学校を，企業を，世界を，私を，動かす

それでは SDGs を合い言葉に，私たちとプラスチックごみの問題をもう一度つなげてみましょう。目標 3，8，9 や 12，13，14 などを実現したければ今何をすべきでしょうか。

—— まずはマイボトルやマイバッグの活用かな。
—— それだけだと，もともと容器や包装で利用されているプラスチックの使い捨てが避けられないよね。

——学校で売られている飲料を，ペットボトルから紙パックや缶製品に換えてもらうよう，交渉してみたらどうだろう？（注：紙パックにもプラスチック塗料が利用されている）

——ペットボトルはやっぱり便利だから，飲料メーカーに代替素材利用にもっと本気になるよう働きかけてもいいと思う。

——売店のパンも，プラスチック包装のものではなく，焼きたてのパンをその場で紙に包んでもらえるようになったらいいなぁ……。

——先生たちの文具の使い捨てについても考え直してもらうべきでは？

——プラスチックについて考えるイベントや，学内プラスチックを探すゲームをやってもいいよね。

——学校の各所に関連するSDGsのゴールを掲示してもいいかもね。ごみ捨て場だったら，目標9，11，12，13，14，15，17……，おっと，いっぱいすぎちゃうな。

——少なくとも行政や学校，公共施設で，使い捨てプラスチックを使わないしくみをつくってもらえるよう，署名や請願もできるかも。

——僕は化学を勉強して，代替素材の研究開発に貢献したい。

——私は経済を勉強する。リサイクルや海洋プラスチックの調査・処理に必要な費用を商品価格に含めなければ，問題は解決しない。旅行で行ったドイツでは，ペットボトル価格＋25ユーロセントをデポジット（前金）として購入時に支払うのだけど，買った店にかかわらずどのスーパーでも空ペットボトルを入れれば返金される機械があって便利だったな。お金がもったいないからペットボトルは捨てずに必ず戻したよ。

　よいアイデアがたくさん出ましたね。これをクラブや生徒会で，時には教職員や飲料メーカー・売店の方と，または家族や地域などで話し合えば，別の発想や解決策，協力も得られるでしょう。具体的な進め方については第3章10にもヒントがあります。そうして向き合った社会は，2030年のゴールに一歩も二歩も近づいていませんか？　私たちは，目の前のプラスチックや海を通じて世界中の人々や生きものとつながり，多くの課題を共有しています。それはまた，ともに解決できる希望・未来も共有しているということなのです。

参考文献・資料 --

「暮らしの中のいろいろなプラスチック」日本プラスチック工業連盟ホームページ（2019年12月27日最終確認）

「プラスチック情報局情報クリップ」プラスチック循環利用協会ホームページ（2019年12月27日最終確認）

「海洋プラスチック問題について」ＷＷＦジャパンホームページ（2019年12月27日最終確認）

「プラスチックを取り巻く国内外の状況」環境省ホームページ（2019年12月27日最終確認）

「プラスチック資源循環戦略について」環境省ホームページ（2019年12月27日最終確認）

Think the Earth 編著『未来を変える目標——SDGsガイドブック』Think the Earth, 2018年

SDGs高校生自分ごと化プロジェクト（http://www.gyakubiki.net/sdgs/　2019年12月27日最終確認）

国谷裕子監修『国谷裕子とチャレンジ！　未来のためのSDGs　3　「地球」に関するゴール』文溪堂，2019年

堅達京子ほか『脱プラスチックへの挑戦——持続可能な地球と世界ビジネスの潮流』山と渓谷社，2020年

（井田佐恵子）

10 フードロスの削減をめざして

キーワード　フードロス，SDGs，消費・賞味期限，事業系・家庭系廃棄物，フードバンク・
　　　　　　フードドライブ，食品ロス削減推進法

　2月3日の節分の日。最近では恵方巻を食べることが多くなりましたが，2016年頃から恵方巻の大量廃棄が報道されるようになり，季節の行事のたびにフードロス（食品ロス）が話題になっています。

　フードロスとは「本来食べられるのに捨てられる食品」のことを言います。日本には元来「もったいない」という言葉があり，昔からモノに感謝をしてムダにならないようにしてきたはずなのに，今日では，売れ残りや食べ残しなど大量に食べものが捨てられ，またそのすぐ近くには食べられなくて困っている人たちもいます。

　　――節分に，スーパーやコンビニで恵方巻が並べられてるのはよく見かけるし，最近は
　　　食べきれるようサイズの小さな恵方巻もつくられてるみたいだけど，まだまだ食べ
　　　られる食品がたくさん捨てられているんですね。

SDGsとフードロス

　SDGs（Sustainable Development Goals）は，2015年に国連の「持続可能な開発サミット」で採択された2016年から2030年までの国際目標で（第3章9を参照），貧困や飢餓をなくし，持続可能な世界を実現するために17のゴール（目標）と169のターゲットが設定されています。そのなかの目標12「つくる責任つかう責任」は，「持続可能な生産消費形態を確保する」という目標を掲げ，フードロス関係についても言及しています。ターゲット12.3では，「2030年までに小売・消費レベルにおける世界全体の一人当たりの食料の廃棄を半減させ，収穫後損失などの生産・サプライチェーンにおける食品の損失を減少させる」ことをめざしています。現在，世界で深刻な飢えや栄養不足で苦しんでいる人々は約8億人おり，5歳未満で発育阻害は約1.5億人いると言われているのに，世界全体では，食料のおよそ3分の1（人々の消費向けに生産された食料の量にして1年あたり13億トン）が失われ，あるいは廃棄されているという結果が出ています（国連食糧農業機関［FAO］「世界の食料ロスと食料廃棄」2011年）。

日本の食品ロス

　今世界とフードロスについて見ましたが，日本では1日1人あたりどのくらいの食品

図表1　食品廃棄物等の発生量（平成28年度推計）

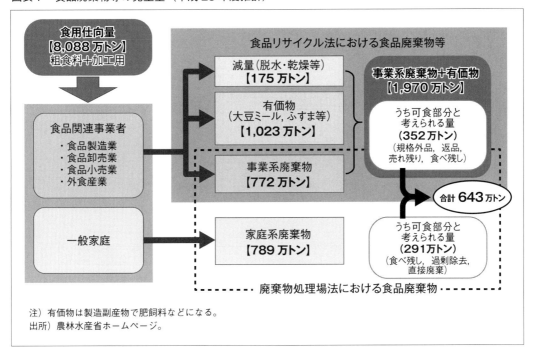

注）有価物は製造副産物で肥飼料などになる。
出所）農林水産省ホームページ。

が廃棄されていると思いますか？

　——想像がつかないなぁ。でも僕も賞味期限切れの食品を捨てたことがあるな。

　賞味期限や消費期限が必要以上に短いと，大量の食品廃棄の一因になるという指摘があります。賞味期限は，袋や容器を開けないままで，書かれた保存方法を守って保存していた場合に，この「年月日」まで，「品質が変わらずにおいしく食べられる期限」のことを言い，お弁当，サンドイッチなど，比較的いたみやすい食品に表示されています。消費期限は，同様に保存した場合，この「年月日」まで，「安全に食べられる期限」のことを言います。

　そして現在，日本の食品廃棄物などは，年間2759万トン，うちフードロスは643万トン（2016年度）で，毎日大型（10トン）トラック1770台分が廃棄されています。食品廃棄物は，食品の製造・調理過程で捨てられる部分や，流通・消費段階で生じる残り物などです。年間1人あたりのフードロス量は51キログラム，家族4人で6万円，1日1人あたりでは，おにぎり二つを捨てていることになります。

　——そんなに捨てているんだ！　どうしたらもっとフードロスを減らせるか考える必要があるなぁ。

　そうですね。現在食べられるのに捨てられるフードロスの内訳は，事業系廃棄物由来の

ものが約352万トン，家庭系廃棄物由来のものが約291万トンあります。

　事業系では，製造・流通・調理の過程で発生する規格外品，返品，売れ残りなどがフードロスとなります。日本の食品業界には，流通段階において賞味期限までの期間を区切った「3分の1ルール」とよばれる独特の商慣習があります。それは賞味期限までの期間を3分の1ずつに区切り，最初の3分の1の期間内に「小売店」に納品し，次の3分の1（最初からは3分の2）の期間を過ぎると返品しなければならないとするルールです。返品期限が設定されていることにより，販売期間が短くなり，商品が賞味期限前であっても小売店に並ばずにメーカーに返品されることが多くなり，2010年度，卸売から製造に返品された商品金額は1139億円にのぼったと言われます（流通経済研究所）。また外食事業者でも，食べ残し量の割合が，宴会14.2％，披露宴12.2％，食堂・レストラン3.6％（農林水産省・2015年度調査）となっています。

　家庭系では，生ごみのうち10.3％が「手つかず食品」，13.6％が「食べ残し」となり（環境省・2017年度調査），問題になっています。

　——すごい量と額のフードロス！　フードロス削減には事業者と家庭，両方の取り組みが必要なんですね。そしてフードロスを減らしていけば，その費用をもっと社会に役立てることができるかもしれない。

フードロスによる社会的損害について考えよう

　フードロスによる社会への影響を考えるのは大切なことですね。現在日本では，食料と関連するさまざまな問題があります。食料自給率（カロリーベース）が38％（農林水産省「食料需給表（平成29［2017］年度）」）と，食料を海外からの輸入に大きく依存しています。食料が消費支出の4分の1を占めており（総務省「家計調査（平成29年）」）家計全体に対する食料の負担が大きくなっています。また，近年子どもの貧困が7人に1人（厚生労働省「平成28［2016］年国民生活基礎調査」）という深刻な事態のなかで，子ども食堂が普及しています。さらに市町村および特別地方公共団体が一般廃棄物の処理に要する経費は，年間約2兆円（環境省「一般廃棄物の排出及び処理状況等について」）であり，廃棄物の処理に多額のコストを投入していることもあります。こうした状況に加え，大量のフードロスを出すことは，もったいないという以上に社会に大きな損失を与えていると言えます。

　さらに，フードロスが社会に与えているさまざまな損害についてグループで考えてみましょう。

　——膨大な資源がムダになるってことだよね。
　——それに捨てられた食品を焼却するときにもお金がかかるよね。

　そうですね。食品が私たちの手に届くまでには，生産の際には水資源や飼料，輸送の際

図表2　食品ロスを減らすために私たちにできること

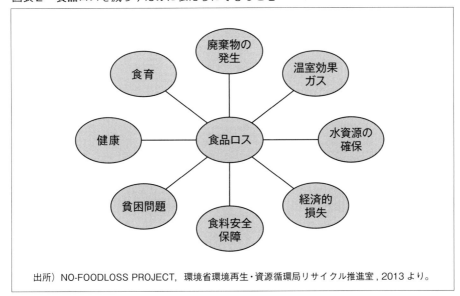

出所）NO-FOODLOSS PROJECT，環境省環境再生・資源循環局リサイクル推進室，2013 より。

には石油や天然ガスのエネルギーを使っていますが，食品を食べることなく捨ててしまうと，それまでに使ったエネルギーもムダになってしまいます。また，安価に大量に生産された野菜や肉などの食品は，遺伝子組み換えが行われていたり，農薬や薬品の使用や食品保存料などの食品添加物が使われることも多く，私たちの健康を害することがあります。さらに，発生したフードロスの一部はごみとなって処理場で焼却されますが，先に述べたように，ごみ処理にかかる多額の費用は，私たちの税金でまかなわれており，消費する際に排出される二酸化炭素などの温室効果ガスやダイオキシンは地球に悪影響を与えます。食品会社は，販売できる量以上の食品を製造し，売れ残った分は捨てていますが，食品の価格には，その売れ残って捨てられる食品の製造・廃棄コストも上乗せされています。ですから，フードロスを削減することで食品の生産量が最適化され，価格が安くなりえます。

　日本は，多くの食品を捨てているにもかかわらず，実は自国内の生産では国民の食事をまかなうことが難しい現状があり，食品を他国に多く依存している「食料の安全保障」とよばれる問題があります。日本のような食料自給率の低い食料輸入国では，世界的な災害や飢餓などの影響で，セーフティネットとしての食料がおびやかされる心配があるのです。

　しかし，今まで捨てられていた食品を消費したり，あるいはリサイクルすれば，食料自給率が高まる可能性もありえます。

家 庭 で 工 夫 で き る こ と を 考 え る

　フードロスによる社会的損害について考えましたが，次に家庭でフードロスを減らしていくためにできる工夫についてグループで話し合ってみましょう。

――残さずに食べるようにする！

――食べ物を買いすぎないとか，料理をつくりすぎないとかも大切だな。

――贈答品でもらった食べ物をフードバンクに寄付するのはどうかな？

　グループでいろいろなアイデアが出ましたね。「手つかず食品」を捨てないようにするには，買いすぎに注意すること，そのため買い物に出かける前に冷蔵庫のなかなどの在庫を確認したり，「安いから」という理由で安易に買いすぎない，小分け・少量パック・バラ売り商品など食べ切れる量を購入するといった意見が出ました。また日頃から冷蔵庫や買い置きしてある食材の種類・量・期限表示を確認する。賞味期限を過ぎてもすぐに捨てるのではなく自分で食べられるか判断する。そして長持ちする保存方法を考え，冷凍保存をしたり，インターネットなどで適切な保存方法を検索してみたり，レシピを検索して食材を調理しきるという意見もありました。「食べ残し」を防ぐには，つくりすぎに注意すること，食べられる分だけつくるようにし，食べきれなかったものは悪くなりにくい保存方法を工夫する，残った料理を別の料理にリメイクするなどの意見も出ました。これらを実際に続けたら家庭でもかなりのフードロス削減になりますね。

フードバンクとフードドライブ

　先ほど家庭で工夫できるアイデアのなかで，フードバンクという言葉が出てきましたね。最近フードバンクやフードドライブ，フードパントリーなどが注目されていますが，知っていますか？

　フードバンクとは，食品関連企業で包装の傷みなど，品質に問題がないにもかかわらず市場で流通できなくなった未利用食品を，寄付を必要としている人や施設などに提供する活動，およびその活動を行う団体のことを言います。それに対し，フードドライブは食品を収集する方法の一つで，集め方も食品関連企業からではなく，一般家庭から集める活動です。またフードパントリーは，企業や家庭で余った食品を集めて困窮世帯などに配る拠点のことを言います。

　フードバンクでは食品の収集，保管，配布までの一連の活動全般を行います。常設で倉庫をもち，食べものを必要としている施設などにある程度決まった量を提供できる，配達のしくみが整っていることが多いと言えます。

　たとえば，埼玉県では，行政や食品企業，生活協同組合のコープみらいなどが一般家庭からフードドライブとして寄付を募っています。寄付してほしい食品は，賞味期限が切れていない缶詰やレトルト食品，インスタント食品や米，パスタなどの乾麺や調味料などだそうです。そうしてコーププラザに集まった食品は，NPO法人フードバンク埼玉を通じ，子ども食堂など寄付を必要としている人や施設に配達されるしくみになっています。

食 品 ロ ス 削 減 推 進 法

　法律としても，まだ食べられるのに捨ててしまう「食品ロス」の削減をめざす「食品ロス削減推進法（正式名称：食品ロスの削減の推進に関する法律）」が2019年5月31日に公布，10月1日に施行され，「国民運動」として食品ロス削減に取り組むよう求めています。この法律は政府に対して基本方針の策定を義務づけ，自治体にはそれをふまえた削減推進計画をつくるよう求めるものです。現在政府では「食品ロス削減関係省庁等連絡会議」を構成する5省庁（消費者庁，文部科学省，農林水産省，経済産業省，環境省）がNO-FOODLOSS PROJECTに取り組んでいます。事業者には国や自治体の施策に協力するよう求め，消費者には食べ物の買い方や調理方法を改善するなど自主的な取り組みをうながしており，まだ食べられる食品を，支援が必要な人に提供する「フードバンク活動」を支援することが決められました。

　日本国内の食品ロスのうち約55％は事業者から出ており，食品製造業が137万トン，外食産業が133万トン，食品小売業が66万トン，食品卸売業が16万トン（2016年度）となっています。中央環境審議会の専門部会は，事業者から出る食品ロスを2030年度までに，2割超削減の273万トンに抑えるとの基本方針をとりまとめています。

　——フードロスを削減して持続可能な社会をめざす取り組みが，全体として始まっているんですね。

　そうですね。政府・事業者が食品ロス削減に取り組むとともに，消費者の私たちも食べ物の買い方や調理方法を改善するといった自主的な取り組みを進めていくこと，まだ食べられる食品を，支援が必要な人に提供する「フードバンク活動」などを支援していく必要がありますね。

参考文献 ---

消費者庁消費者政策課「食品ロス削減関係参考資料」2019年
「フードロス　年間621万トンの真実」リディラバジャーナル（https://journal.ridilover.jp/topics/1）2018年（2020年3月9日最終確認）
大原悦子『フードバンクという挑戦——貧困と飽食のあいだで』岩波現代文庫，2016年
農林水産省ホームページ「フードバンクの紹介」平成28年度（2020年3月9日最終確認）
セカンドハーベスト・ジャパン・ホームページ「フードドライブ」2019年（2020年3月9日最終確認）

（金沢はるえ）

11 外国をルーツとする人々と，ともに生きる民主的社会をつくる

キーワード　多文化共生，マジョリティ，マイノリティ，外国をルーツにする人々，
　　　　　　外国人参政権，ヘイトスピーチ，ダイバーシティ

日 本 の 多 民 族 ・ 多 文 化 の 現 状

　この学校の全校生徒 1000 人のなかで何人が外国にルーツがあると思いますか？

　——10 人くらい？

　2019 年 1 月の在留外国人数は約 267 万人です。その時点での日本の総人口は 1 億 2
744 万人で，約 2 ％が外国人ということになります。あとで触れることになる，外国に
ルーツをもつ日本国籍者を入れると推定 430 万人の人々が「外国にルーツをもつ人々」
になります。つまり 1000 人に対して 34 人が外国にルーツがある，ということなのです。

　——34 人か。そう言われると，けっこう多い気がする……。

　現在，外国からたくさんの人々が日本に来て暮らすようになっています。いわゆる先進
国（OECD 加盟国）のなかで，日本は何番目に外国人が働きに来ている国だと思いますか？

　——10 位くらいかなぁ？

　それが，第 4 位なのです。日本は事実上の移民大国，と言われることがあります。事実
上，ということは，先進国 4 位という現状に反して，移民政策をとっていると日本政府が
公言していない，ということです。日本には，どんな国籍の人が多いと思いますか？

　——日本国籍！

　それはそうですね。その国で一番人口が多く，結果的に特権を得ている人々，あるい
は，白人による人種差別が公然と行われていた，かつての南アフリカ共和国のように，人
口は少なくても特権を握っている人々はマジョリティとよばれます。マジョリティ以外
の，人口が少ない人々，あるいは，人口が多くても人権を奪われている人々をマイノリ
ティとよびます。民族・国籍以外でも，宗教や性的多様性などでもマイノリティの問題は

ありますが，ここでは触れないことにします。日本国籍をもたない人々で一番多いのは，どういう人だと思いますか？

——よくテレビに出ているからアメリカ人じゃないですか？

それが違うんです。2018年6月末の統計を見ると，1位は中国で約74万人，2位は韓国で約45万人，3位はベトナムで約29万人，4位はフィリピンで約27万人です。アメリカ人は，8位で約6万人です。

多民族国家ニッポンは昔から

日本国籍でもマイノリティとは，どんな人たちかな？

——アイヌの人たち？

そう。アイヌの人々は日本の先住民族と考えられています。また，沖縄の人たちも，本土（ヤマト）と異なった琉球民族と考えることもできます。このように，アイヌの人々や沖縄（琉球）の人々の存在を考えても，日本は，以前から「多民族国家」だったと言えます。

図表1　OECD 加盟国のうち1年間に移住した外国人数の上位10か国

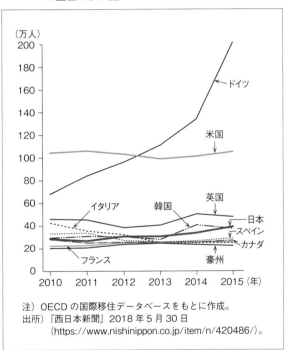

注）OECD の国際移住データベースをもとに作成。
出所）『西日本新聞』2018 年 5 月 30 日
（https://www.nishinippon.co.jp/item/n/420486/）。

さまざまな「外国をルーツとする人々」

父母の出身国が異なる人を表す言い方としてダブルあるいはハーフ，ミックスルーツといった言い方があります。テニス選手の大坂なおみさんもダブルですね。彼女は生地主義をとるアメリカで生まれたので，アメリカ国籍もあり二重国籍です。日本人と外国人の結婚によって生まれた子どもは日本国籍を選択できます。このようなダブルやその子どもなどで日本国籍をもつ人々が 80 万人以上いると推定されています。

あと，外国人は帰化という制度により日本国籍をとることもあります。たとえば，ソフトバンク会長の孫正義さんも帰化して日本国籍をとっていますね。この帰化で推定 80 万人以上が日本国籍となっています。このようなダブルや帰化を理由とする外国ルーツの日本国籍者は，計 160 万人以上と推定されています。

植民地支配をルーツとする外国人差別の歴史

在日コリアンの歴史を今まで，学校で聞いたことはありますか？

──記憶がないです。

そう，学校で植民地支配の歴史を教えないから，日本の戦争責任，戦後責任についても，しっかりとした認識ができないのですね。僕は，「ハナ」という日本人・韓国人・在日コリアンの高校生がメンバーの団体のサポーターです（風巻『社会科アクティブ・ラーニングへの挑戦』参照）。彼らと一緒に，この問題を考え

図表2　韓国での交流に参加した「ハナ」のメンバー

出所）筆者提供。

てみましょう。彼らは，KPOPやジャニーズ好きの普通の高校生たちです。その彼らが，韓国で，いわゆる「従軍慰安婦」とされたおばあさん（「ハルモニ」と言います）たちに会ったり，また川崎の南部の地域，桜本で，在日1世のハルモニに会ったり朝鮮高校を訪問したりして，歴史を追体験しています。

──在日1世のハルモニは，日本で生まれたのですか？

いいえ。1世とは，植民地から日本に渡ってきた人，ということです。日本が植民地にした結果，土地や仕事を奪われ，仕方なく最底辺の仕事でも稼ぎがある日本にやって来たり，また，最近注目を集めている「徴用工」として軍需工場で働くために日本に連れてこられたりと，さまざまな形で日本本土にやって来た人たちが在日コリアンのルーツです。

アジア太平洋戦争の敗北後，1952年にサンフランシスコ講和条約が発効し，日本は独立を回復しました。このとき，旧植民地出身者は国籍選択権を認められず，一方的に日本国籍を奪われることになりました。植民地支配の責任をとる，という思想は，ここにはまったく見られませんでした。

独立とともに，外国人に指紋押捺が義務づけられました。これは重大な差別だと反対する運動が，この後，はげしく展開されていきます。そして，1992年，一部の外国人を除いて指紋押捺制度が廃止されました。

──朝鮮籍って，北朝鮮を表すのですか？

朝鮮半島を出身地として日本人として暮らしていた人々は，1952年以降「朝鮮」の名称で外国人登録をされることになりました。これは，いまだ日本が戦争責任を果たさないまま国交のない朝鮮民主主義人民共和国（北朝鮮）を表すものではありません。「かつて植民地であったくに」という，いわば，どこにもない「くに」を表すものでした。その後，韓国とは1965年に国交を回復したため，外国人登録を韓国に切り替える動きがありました。それでも朝鮮籍にこだわる人々もいました。軍事独裁であった韓国への反発，北朝鮮への思い，あるいは，「ハナ」のOB・OGにもいますが，どこの国にも属さない「無国籍」状態であることを積極的に選ぶなど，さまざまな思いから朝鮮籍をもちつづける人も存在します。結果，在日韓国・朝鮮人，という言い方ができました。そのような対立・分断を越える存在という意味から在日コリアン，というよび方もあります。この文章では，1965年以降について「在日コリアン」の言葉を使っています。

外 国 人 へ の 差 別 の 実 態

　——外国人への差別って，どのようなことがあるのですか？

　1952年，国籍が一方的に奪われ外国人とされた結果，在日朝鮮人など外国人は国民年金や児童手当，公団住宅などから除外されてしまいました。日本政府はこのような差別を人権の見地から問題だと認識して改善を試みたのでしょうか。残念ながらそうではありませんでした。結局外圧が変化をもたらしました。1970年代後半，国際化途上の日本はインドシナ難民への対応を国際的にせまられ，1万人の難民を受け入れることになりました。難民定住促進センターがあった神奈川県や兵庫県を中心にして，ベトナム人，ラオス人，カンボジア人が定住することになりました。これにあわせ1982年，日本は難民条約を批准しました。この条約では，外国人でも社会権に関して「内国人待遇」とされたため，国民年金，児童手当，公団住宅などへの対応は，日本国籍をもつ人々と同等になりました。
　制度以外の差別も数多くありましたし，現在も続いていると言えます。入居差別は数多くあります。就職差別事件もありました。朝鮮学校の児童・生徒へのいやがらせや危害もなくなりません。いじめで投身自殺した中学生もいました。在日コリアンの自殺率は日本人の2倍との研究もあります。近年は，「外国人を殺せ！」などと人々をそそのかすヘイトスピーチとよばれる民族差別事件が，インターネット上や在日外国人の多住地域でのデモなどで多発しています。ドイツでは，「民衆扇動罪」というものがあり，ほかの市民に対する憎しみをあおりたてたりすることが禁じられていて最高5年の禁固刑となります。
　日本では現在のところ，外国人には参政権がありません。外国人は地域住民として一緒に暮らしているのですから選挙権や議員になる権利もあって当然です。お隣の韓国は地方選挙権を外国人に認めています。スウェーデンやデンマーク，オランダは地方議員になることも認めていますし，ニュージーランドは国政でも外国人の選挙権を認めています。

多文化共生とは，そもそもどういう言葉？

——多文化共生という言葉は，いつ頃生まれたのですか？

　1992年に横浜と大阪で，この言葉が最初に使われました。そのとき，どのような思いが，そこに込められていたのでしょうか。この言葉が生まれた頃，指紋押捺反対などの反差別運動の中心的存在だった故李仁夏牧師は，このように述べています。「どんな運動も，普遍的真理に支えられないならば，人の心を打つことはできないのです。私共は，そういう意味で，『共に生きる』社会を実現することに目標を設定している。それは，民族の違いをも受けとめあう，全く質の新しい共同体であります。それは別の言葉で言えば，単一民族社会の神話を克服することなのです」。この「共に生きる」が多文化共生の原点です。大事なことは，この「共に生きる」が「目標」である，ということ，つまり現在進行系の，いまだ達成されていないものだということなのです。

　この言葉を生みだした人々の思いを尊重すれば，多文化共生の定義は，以下のようになります。それは，マイノリティの人権が守られ，その市民的権利が保障された社会を，マジョリティが変容してマイノリティと手を取りながらめざす過程なのです。

新しい外国人の流入と「多文化共生」の意味の変容

——最近，政府も「多文化共生」って言っていませんか？

　2000年あたりを境に突然，国家レベルで「多文化共生」という言葉が使われはじめました。この根底には2004年に経団連の出した「外国人受け入れ問題に対する提言」などに見られる動きがあります。この提言では多文化共生を促す地域の役割として外国人の相談窓口や日本語学習，住宅問題，子弟教育，またマジョリティの教育の役割にまで言及をしています。このとき，多文化共生の意味づけの変容が起こってしまいました。労働者不足や人口減少に対応するため「外国人労働者を受け入れる」という意味が，この言葉にまとわりついたのです。これは本物の多文化共生とは言えません。

——最近はどんな問題がありますか？

　2019年に「特定技能」という在留資格が新設されました。とくに建設・造船などを対象にした特定技能2号という在留資格は，在留期限はなく更新も可能で家族も同伴でき，永住者となることもできるなど，事実上の移民政策と言えます。
　日本語指導が必要な児童・生徒も増加していて，2018年には「日本語教育の推進に関する法律」が制定されました。しかし，学習指導の遅れや未就学，高校の退学率の高さが

指摘されています。外国人の子どもの16%，約2万人が，学校に行けていないと推定されています。最近，日本に多くなってきている中国人，ベトナム人，フィリピン人，また，1980年代に日本が「日系人」として定住を認めたことから急増したブラジル人，ペルー人などに，そのような問題が起こっていると考えられます。

　ヘイトスピーチの動きもなくなりません。これに対して国は2016年にヘイトスピーチ対策法を制定し，川崎市では，罰則のある実効的なヘイトスピーチ禁止条例が2020年に成立しました。これは全国初の動きです。国レベルでも多文化共生推進法や外国人参政権法が策定され，本物の多文化共生の動きが強まることが望まれます。

外国人をルーツにもつ人たちと，ともに生きる民主的社会をつくる

　『私と小鳥と鈴と』で詩人金子みすゞは「みんなちがってみんないい」と言っています。この言葉を日本の社会に使ってみましょう。「みんなちがう」とは，難しい言葉を使うとダイバーシティ（多様性）とも言います。違いは「間違い」とは別の言葉です。違いは「ステキ」なことなのです。違いをもつさまざまな文化の人々がともに生きる社会を，外国にルーツをもつ人たちと「ともに」つくることが，とても大切なことなのです。違ったものをゆるさない社会は，ナチス・ドイツがアウシュビッツを生みだしたように，違うとされた人々を死に至らしめるような社会になる可能性を秘めています。

　そうならないためには，どうしたらよいのでしょうか。「ハナ」の高校生たちのように「違いを楽しむ」体験をしてみることは，とても大事なことです。たとえば，日本の各地に朝鮮学校があります。文化祭や焼き肉パーティなど，公開の場があります。そこで出会い，違いを楽しみ，対話をすることです。そして，友達になることです。また，マジョリティとしての「特権」を意識してみることです。最初にお話ししたように，統計上1000人規模の学校なら1クラスくらい，外国にルーツがある生徒がいることになります。そのようなクラスの友人との関係を大事にしてほしいと思います。外国人ももちろん市民です。それぞれの違いを尊重しながら市民たちが社会をつくりあげること，それが民主主義の原点だと思想家のデューイは言っています。外国籍市民とともに，ともに生きる民主的社会をつくりだしてみませんか。

参考文献 --

田中宏『在日外国人　新版──法の壁，心の溝』岩波書店，1995年
康潤伊・鈴木宏子・丹野清人編『わたしもじだいのいちぶです。──川崎桜本・ハルモニがつづった生活史』日本評論社，2019年
風巻浩『社会科アクティブ・ラーニングへの挑戦──社会参画をめざす参加型学習』明石書店，2016年

（風巻　浩）

12 シリア難民問題から考える国際協力

キーワード　国際協力，国際支援，難民問題，シリア内戦，ボランティア活動

　こんにちは。この節では，京都のある高校で行われたシリア難民支援の活動を例に，私たちにもできる国際協力について考えていきたいと思います。

世界の難民・避難民は過去最多

　みなさんは UNHCR（国連難民高等弁務官事務所）を知っていますか。難民の救済に尽力している国連の機関で，1991 年から 2000 年までは緒方貞子さんという日本人女性が代表者を務めていたので，聞いたことがある人も多いと思います。その UNHCR が 2019 年 6 月に発表した報告書「グローバル・トレンド」によると，戦争，紛争や迫害から逃れた難民は 2018 年に過去最多を記録しました。

　図表 1 は，2009 年から 2018 年の世界の難民数を表しています。このグラフの英語でのタイトルは，"Global forced displacement"。直訳すると，「世界における強制移動」です。これはつまり，自分の意志に反して，やむをえない事情により，自らの住まいを離れた人々ということです。このような人が現在世界に約 7080 万人もいるのです。そしてこのような人たちを私たちは広い意味で難民とよんでいます。

図表1　世界の難民数（2009 〜 18 年）

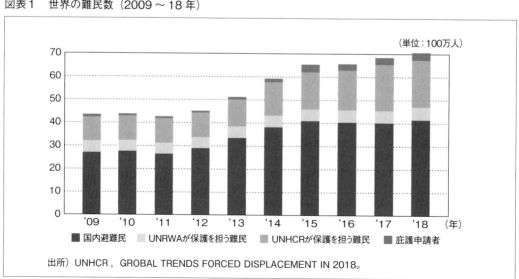

出所）UNHCR，GROBAL TRENDS FORCED DISPLACEMENT IN 2018。

——広い意味での難民ってどういうことですか？

厳密に言うと，世界の難民は次の三つのグループに分けられます。

①難民：紛争，戦争，政治的宗教的な迫害などの危険から逃れるために居住国の外へと脱出した人々。

②避難民：上と同様の理由で居住地を追われたが，国内にとどまっている国内避難民。

③庇護申請者：祖国を出て国際的な保護を受けているが，難民の資格をまだ得ていない人々。

①が狭い意味での難民の定義です。しかし近年は，②の国内避難民や③の庇護申請者も難民ととらえるケースが多くなりました。ですから，①〜③が広い意味での難民の定義です。統計によって難民の定義は異なる場合があるので，調べ学習をする際などは，どのような定義で難民という言葉が使われているのか，きちんと確認したうえで理解する必要があります。そしてここで大事なのは，今話題になっている外国人労働者のように，経済的困窮者が仕事を求めて国外に出国する場合は移民であって，難民とはよばないということです。この二つははっきり分けるのが難しい場合もありますが，基本的には異なる概念なので注意が必要です。不法に入国した移民については，彼らの出身国へ強制的に帰国させることもありますが，難民は自国での迫害から逃れてきた人々です。彼らを迫害する恐れのある国に追放・送還することは難民条約で禁止されており，日本はこの難民条約を批准しています。

——難民が多く発生している国はどこですか？

図表2を見てください。これは2017年末におけるおもな難民発生国です。こうして見ると，難民発生国の多くがアジアとアフリカに集中していることがわかります。そして，そのなかでもシリア難民の数が

図表2　おもな難民発生国

難民発生国	万人	難民発生国	万人
シリア	1,329	イラク	481
コロンビア	790	南スーダン	436
パレスチナ	598	ソマリア	320
コンゴ民主共和国	537	スーダン	314
アフガニスタン	534	ナイジェリア	270

注）パレスチナは，国連パレスチナ難民救済事業機関（UNRWA）が担当する約587万人を含む。

圧倒的に多いことが見てとれるでしょう。シリアでは，「アラブの春」（2010年，チュニジアの失業者が政府に抗議して自殺した出来事から始まった民主化を求める反政府運動。その後，中東や北アフリカ諸国へと広がった）以降，政府と反政府勢力との内戦が続いています。

シリア内戦と私たち

シリア内戦がとくに激しかったのは2012〜15年でした。街中が廃墟と化すような政府軍と反政府軍の激しい戦闘がシリア各地で繰り広げられ，その影響でシリアから国外へ

逃れた人は400万人以上，国内避難民の数は870万人にもなっていました。シリアの人口は2240万人ほどですから，国民の約半分が難民となったわけです。身のまわりの最小限の荷物をバッグにつめこみ，安全な場所を求めて移動する無数の人々の様子は，日本でも連日テレビで報道されました。しかし，内戦が長期化するにつれテレビや新聞で報道される回数も減り，2016年頃には人々の関心も薄れていくように感じられました。

　　——確かに，シリア内戦の話は聞いたことがあるけど，遠い国で起こっている出来事という感じで，あまり詳しくは知りません。最近はテレビでもあまり報道されていませんよね。

　そうなのです。シリア内戦は2019年現在まだ終結していませんが，日本のテレビニュースではほとんど報道されず，新聞に時折記事が出る程度になってしまいました。2016年の段階でも，私が勤務している高校の生徒たちは，この問題についてあまり関心が高くないように見受けられました。でも本当にシリア内戦は遠いところで起こっている，私たちに関係のない出来事なのだろうかという思いが私のなかにはありました。内戦で国外に逃れた人々は仕事を失い，食べるもの，住む場所にも不自由し，病気になっても十分な手当てが受けられず，冬場の寒さにも毛布1枚で耐えなければならないような過酷（かこく）な状況での生活を迫られているわけです。そして情報化が進んだ今，彼らのおかれた現状はリアルタイムで鮮明な映像とともに日本に住む私たちに伝えられます。それを見ておきながら何もせずにいることは，同時代を生きる人間としてあまりに無責任じゃないだろうか，と思ったのです。それにもし，自分が逆の立場だったとしたら……，と考えてみてください。自分たちがおかれている状況を知っていながら，国際社会からまったく助けの手が差し伸べられないとしたら，こんな悲しいことはありませんよね。

シリア難民のために何ができるか

　私が勤務している学校には，毎朝礼拝の時間があります。私はまずそこで，「シリア難民支援のために何かしたいと思っている人がいたら一緒に考えましょう」と生徒に呼びかけました。するとうれしいことに，3名の生徒が名乗り出てくれました。彼らもシリア難民問題を傍観（ぼうかん）していてよいのか，何かできることをしたいという強い想いをもっていました。しかしすぐに支援活動を始めることはできません。なぜなら，私たちはシリアの文化やシリア難民の現状について十分な知識をもっておらず，不十分な知識のままでは有効な支援は行えないと考えたからです。

　そこで私たちはまず，シリア難民問題がなぜ起こったのかを知るための勉強会を行いました。計4回の勉強会には3名のゲストも招きました。日本で難民支援にたずさわっている日本人の方2名，そして大学の研究室で働いているシリア人男性です。このシリア人男性とは，新聞社を通じてつながることができました。ある日の朝刊でシリア人男性が

近くの大学で働いていると知り，新聞社に連絡をとってみたところ，男性の許可を得たうえで紹介してくださったのです。男性は家族と婚約した恋人を残して日本に来ている方で，シリア内戦について，そのリアルな現状を伝えてくださいました。

　——家族や恋人を残して日本に来ているのは心配でしょうね。

　そうですね。そのほかにも男性から聞いた話のなかで，とくに印象に残ったことが二つありました。一つはシリア内戦にはロシアやアメリカなどの諸外国も大きくかかわっているということです。男性は，「政府軍と反政府軍を支援する諸外国の存在がある以上，これを内戦とよぶのはおかしい。これは国際的な戦争であって，シリアだけの問題ではないはずだ」と言いました。シリア内戦はシリアの問題だと考えていた私たちにとって，これは新しい視点でした。

　二つ目は，内戦が起こる前のシリアはとても美しく，歴史ある豊かな国であったということです。男性が見せてくれた内戦前の緑豊かな農園や，着飾った人々と品物であふれたバザール（市場）の様子，ジャスミンの花が咲き乱れる自宅の中庭といったかつての写真を見て，私たちのもつシリアへのイメージは大きく変わりました。内戦開始後の，爆撃されてボロボロになった建物や，家を追われて逃げ惑う人々などの悲惨な映像しか見てこなかった私たちは，シリアの人々が以前は私たちと同じように平和で穏やかな生活を送っていたことに気づかされました。そして，あんなに美しかった街や価値ある歴史的建造物が廃墟と化してしまったことへの悲しみは，余計に大きなものになりました。

"Siri Siri Project" 始動!!

　「シリアについてもっと知りたい」という想いで集まった私たちは，この取り組みを"Siri Siri Project"と名づけ，全校に広報紙を配布してより多くの仲間を募りました。すると，クラブ活動を引退した3年生を中心にさらに10名ほどの生徒が集まってくれました。

　——具体的にはどのような活動をしたのですか？

　まずはシリア難民を生みだしている原因をより多くの人に知ってもらい，この問題に関心をもってもらいたいというのが私たちの第一の目標でした。そこで，生徒会に提案し，学園祭でシリアの難民問題についての展示を行うことにしました。でも「シリアのネガティブなイメージだけが伝わるのはいやだ」，「シリアが素敵な場所であったことを知ってほしい」とみな考えていました。そこで展示では難民問題だけを取り上げるのではなく，シリアの民族衣装や食べ物の紹介，文化や宗教に関するクイズなどを行い，できるだけシリアを身近に感じてもらえるような内容にしました。

図表3　シリアの難民問題についての展示

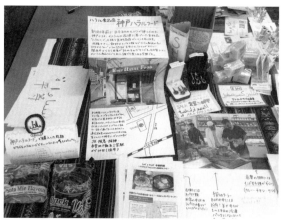 

出所）筆者提供。

　また，三条ラジオカフェで長年「難民ナウ！」というラジオ番組を担当し，難民支援に
かかわりつづけてきた宗田勝也氏が進めている「シェア・マイ・ハート」という取り組み
も実施しました。これは「家族」や「友達」など，自分の好きな言葉をアラビア語に訳し
てA4の紙に記入したものを胸の前で掲げて写真を撮影し，それをシリアへ送るという活
動です。これにはおよそ100名以上の生徒が参加してくれました。活動を知った生徒が
その友達をよんできて撮影し，クラスの友人，クラブの友人と輪が広がっていき，結果的
に多くの生徒を巻き込むことができました。集まった写真は宗田氏がヨルダンにある難民
キャンプへ取材に向かう際，現地へもって行ってくださいました。

　——すごい！　日本からのメッセージが現地に届いたんですね。

　内戦の影響に苦しむ難民キャンプの人たちにメッセージを届けることができたのは，と
てもうれしいことでした。「私たちは無関心ではないよ」，「あなたたちのことを心配して
いますよ」ということが伝わったらいいなと思っています。
　また，勉強会に来てくれたシリア人男性が運営に携わっている Syrian Hands という市
民団体の協力を得て，シリア難民女性が刺繡をほどこしたハンカチや編み物を利用した
キーホルダーなどの販売も行いました。シリアで一般的に食べられているバクラヴァとい
うお菓子や，ハーブと香辛料なども販売した結果，保護者にも好評で多くの人が展示を訪
ねてくれました。売上げは6万円ほどになり，空爆で失われた学校を再建するための費
用としてシリアに送金しました。

　——多くの人を巻き込んだ活動になったのですね。

　そうですね。学園祭で私たちの活動を知った方々が，他のチャリティイベントでも展示
販売をしないかと招待してくださったり，毎年大阪で開催されているワン・ワールド・

フェスティバル for Youth に出て発表しないかと誘ってくださったりと，その後の活動が広がるきっかけにもなりました。活動は後輩たちに引き継がれ，その後 2 年間継続されました。ただ，シリア問題がメディアで報道されなくなったこともあるのか，プロジェクト参加者が減ってしまい，現在プロジェクトは停止しています。このような自発的に始まった取り組みをどうしたら継続していけるのか，私は，この点が今後の課題ととらえています。みなさんは，自分たちが始めた取り組みを後輩たちに伝えていくために，どんなことが大切だと思いますか？

行 動 す れ ば 未 来 が 変 わ る

"Siri Siri Project" は，メンバーが心のなかで思っていたことを口にし，行動したところから始まりました。10 人たらずの小さな勉強会が人と人とのつながりを生み，その輪がだんだん広がって，多くの人を巻き込む活動に展開していったのです。

みなさんのなかにも，貧困や飢餓，紛争や難民など，国際問題に関心をもっている人がいるでしょう。ぜひ，その想いを口にしてみてください。同じ想いをもった仲間が見つかるかもしれません。そして小さな一歩でよいので，何か行動に移してみてください。

シリア難民を長年取材しているジャーナリストの安田菜津紀さんが，あるシリア人男性の次のような声を紹介しています。

「私たちを最も苦しめてきたものは，"イスラム国" でもアサド政権でもなく，世界から無視されている，忘れ去られているという感覚なのです」

また，ポーランド出身の社会学者ジグムント・バウマンは，グローバル化が進む今日の社会で，他者への無関心は人類の分断を深める原因となり，連帯こそが現代人類が直面している危機を解決する助けとなる，とその著書のなかで語っています。

難民問題に限らず，遠いところで起こっている問題に関心をもっているあなたは，誰かの問題を「自分のこと」としてとらえることのできる共感力をもった人です。そしてそれは，とてもすばらしい才能なのです。「国際協力」と言うと何かとてつもなく大きなことのように聞こえますが，そんなことはありません。できることから始めること，これが未来を変える第一歩になるはずです。

参考文献 --
安田菜津紀『君とまた，あの場所へ——シリア難民の明日』新潮社，2016 年
根元かおる『難民鎖国ニッポンのゆくえ——日本で生きる難民と支える人々の姿を追って』ポプラ新書，2017 年
ジグムント・バウマン『自分とは違った人たちとどう向き合うか——難民問題から考える』青土社，2017 年
今泉みね子『ようこそ，難民！——100 万人の難民がやってきたドイツで起こったこと』合同出版，2018 年

（井出教子）

13 地球市民として公正で平和な世界をつくる

キーワード　児童労働，フェアトレード，貧困，飢餓，格差の是正

どっちに上陸する？

　あなたが船で大海原に乗り出したと仮定してみてください。嵐にあい，船は座礁。漂流して困っていたときに島が見えました。一つはスミス共和国。もう一つはマルクス共和国です。両方とも海岸線に大きな看板で，国づくりの方針を掲げていました。

　スミス共和国は，「国民の半分の人の年収は900万円，残りの半分の人の年収は100万円。がんばるあなたを応援します」。それに対してマルクス共和国は「みんなが安心生活。誰でも年収400万円」。人口はスミス共和国もマルクス共和国も同じです。

　世帯年収900万円あったら，月1回は家族で外食したり，年1回は国内旅行や海外旅行もできます。ファッションもそれなりに楽しめます。それに対して年収100万円は，1日約2740円の生活です。ひとり暮らしの場合，公営住宅など住宅料金が格安なところに入居して寝る場所を確保できたとしても，食べるだけでせいいっぱい。着の身着のままの生活です。寒冷地だと冬の暖房費も必要です。年収400万円の生活は，贅沢はできませんが，とりあえず健康で文化的な最低限度の生活は確保されます。2人で働けば世帯収入800万円となり，家族で旅行するなど，普通の暮らしを送ることができます。

　どうです？　今の日本の生活レベルに置き換えてイメージできたでしょうか。あなたはどちらの島に上陸しますか？　その理由を友達同士で話し合ってみましょう。

　　──スミス共和国は半分の人が年収100万円なんでしょ。900万円になる確率は2分の1。うまくいけばいいけれど，失敗したら……。

勝ちつづけなければいけない人生って何？

　そう，確かに人生で失敗したくはないですよね。

　ももいろクローバーZの楽曲『泣いてもいいんだよ』では，「強くなれ　負けないで」「僕たちはいつだって　乳飲み児の頃だって言われ続け　育った」（奥付参照）と歌っています。今の日本は小学校入学前から激しい競争社会です。勝ち抜くためには塾に通ったり，遊びややりたいことをがまんするなどさまざまなことを犠牲にしなければなりませんね。

　　──ん〜，がまんはイヤだけど，でも，しかたがないかなぁ。

そうした日本の教育の状況について，国連子どもの権利委員会からも批判的な指摘がされています。「高度に競争主義的な性格の公教育制度が発達の歪（ゆが）みをもたらしている」「高度に競争主義的な学校環境が就学年齢にある子どもの間のいじめ，精神的障害，不登校・登校拒否，中退及び自殺に寄与しうることを懸念する」。

——そう言われると，そうかも。いじめでストレス解消とか，なんかわかる気がするし。

僕が僕であるために勝ちつづけなければならない人生とは何なのでしょうか。900万円を得るために，過労死や過労自殺に追い込まれるような働かされ方は幸せでしょうか。

やなせたかしさんが生んだキャラクター・アンパンマンは，自分の顔を食べさせることで困っている人を助けます。お腹がすいていると人間は，満たされない気持ちから暴力的になります。生きようとすれば，他人のものを奪うかもしれません。そうした心が戦争やテロの原因になりえます。ですから，公平に分けようとすることは戦争を防ぐ力にもなるのです。

——そんなふうに考えたことなかったなあ。

甘 い チ ョ コ の 苦 い 話

どうしたら990円の安いジーンズをつくることができるかわかりますか。

——わかりません。お買い得（どく）って買ったことはありますけど。

それを縫製した人たちの時給がいくらなのか知っていますか？

——100円くらい……それ以下ですか？

ユニクロ（日本），ZARA（スペイン），H&M（スウェーデン），GAP（アメリカ）などは，流行を取り入れた服を低価格で大量に生産するブランドで，「ファストファッション」とよばれます。「ファストフード」を模してつくられた言葉です。

世界の縫製工場と言われるバングラデシュは，こうした世界中のアパレル企業から注文が殺到します。そこでは見過ごすことのできない労働環境がまかり通っています。工場が非衛生的であったり，防火管理がおろそかで，火災事故も発生しています。賃金は1か月4000円ほどです。

みなさんは消費者として物を買いますよね。それが海外でつくられた商品だったら，どういう人によって生産され，私たちの手に届いているのかを知ってほしいです。そして，それを生産している人の生活がどうなっているのかに思いを馳（は）せてほしいと思います。伊

藤和子『ファストファッションはなぜ安い』では，その実態が明らかにされています。読んで調べてみてください。

　たとえば，みなさんも大好きなチョコレートについて考えてみましょう。日本チョコレート・ココア協会の発表では，2018年度チョコレートの生産金額は5500億円です。そのうち，バレンタインデーの売り上げ規模は推計で約1300億円（記念日文化研究所）です。

　——私も，毎年買っちゃいます。

　そうですか。でも，それがどんなふうにつくられているか知っていますか？　チョコレートの原料はカカオ豆。アフリカ赤道付近，ギニア湾に面したコートジボアール，ガーナ，ナイジェリア，カメルーンなどがおもな生産国です。日本が輸入しているカカオ豆の約7割はガーナから輸入されています。ガーナの日本への輸出は9割以上をカカオがしめ，そのお金で日本か

図表1　カカオ生産地の児童労働

出所）ACE提供。

らは自動車やバス，タイヤ，エンジンを買っています。ガーナの日本との貿易は輸入超過で赤字です。イギリスの植民地支配を受けたガーナは，典型的な単一栽培（モノカルチャ）経済の国で，カカオの価格は先進国の多国籍企業によって安く買いたたかれてきました。
　私たち消費者の「安くモノを買いたい」という要望と，「安くモノをつくって販売し，利益を上げたい」という企業の思惑が，生産者へとしわ寄せされるのです。そのことが児童労働を生みだしています。児童労働とは，義務教育を妨げる労働や，法律で禁止されている18歳未満の危険・有害な労働を言います（労働してよい最低年齢やその条件は国によって異なります）。世界には1億5200万人，子どもの10人に1人が児童労働をしていると言われています。

ガーナの児童労働

　ガーナでは，カカオ農園の労働に従事する子どもたちは100万人とも言われています。
　エマヌエルくん（11歳）とステファンくん（14歳）はガーナ北部のアッパー・イースト州生まれ。家族と離れてアシャンティ州のカカオ農家に雇われ住み込みで働いていました。雇い主は，親と知り合いになり，暮らしぶりが苦しかったことを心配して「学校に行かせてあげるから」と言って，2人を自分の家に連れて行きました。ところが実際は，炎天下のなか，朝から晩まで牛を放牧する仕事や，カカオやイモなどの収穫作業をさせられ，さらに水くみや食事の準備など，雇い主の言いなりになって働かされました。2人は一度も学校に行かせてもらえませんでした。電話番号をメモした紙を失くしてしまった

ため，家族とも連絡がとれず，朝から晩まで働くだけの毎日だったと言います。子どもを親元から引き離し，無理やり働かせるようなことを「人身売買」とよびます（世界の子どもを児童労働から守る NGO ACE のホームページから引用）。

フェアトレードって何？

　私たちの身のまわりにある物の多くは，たくさんの国や人々の手を渡って日本に届いています。しかし，その裏には，十分に生活することができない安い賃金で働き，貧困に苦しむ途上国の生産者たちがいます。つくっているカカオが何に使われるかもわからないまま働く子どもたちもたくさんいます。あなたが買ったチョコレートが 100 円だったとすると，カカオ農家の利益はわずか数円しかないのです。

　——そんなに安いんですか。

　はい，そうなんです。ネスレなどカカオの貿易で利益を上げる多国籍企業に，カカオの最低価格はこれだと言って守らせるようなしくみが今の世界にはありません。こうした状況を改善するために考えられたのが，フェアトレードです。フェアトレード（FT）とは，フェア（公正）なトレード（取引）のことで，つくられたものを適正な価格で取引することです。そうすることで，生産者は安定した収入を得ることができます。生産技術も高まり，品質の向上にもつながります。コートジボアールの首相は，「もし，カカオ農園での児童労働を本当になくしたいと考えているなら，今の 10 倍の価格で仕入れなければならない」と言います。カカオの価格を今の 10 倍にして引き取ってくれたら，児童労働はなくせるのです。そのとき，今 1 枚 100 円のチョコはいくらになるでしょうか。あなたはそのチョコを買いますか。

　2015 年 9 月に国連で，持続可能な開発目標（SDGs）が採択されました。国連に加盟する 193 か国すべてに共通する 17 の目標が掲げられています（第 3 章 9 参照）。フェアトレードは，「目標 12：つくる責任つかう責任」「目標 10：人や国の不平等をなくそう」と重なり注目されています。

　世界では今 2100 以上のフェアトレードタウンがありますが，国内では六つの認定基準をクリアして，熊本，名古屋，神奈川県逗子，静岡県浜松，札幌の 5 都市が認定されています。フェアトレードタウンとは，市民，行政，企業，小売店，学校など街全体でフェアトレードを応援する市町村，郡，県などの自治体のことです。地域のみんなが一体となり，フェアトレード製品を積極的に購入・販売し，啓発イベントを開催するなどして，フェアトレードを広める活動を積極的に行っています。あなたの地域で，フェアトレード商品を扱う店舗を探してみましょう。ない場合はお店の人に置いてもらえるように頼んでみましょう。買い物のときには，フェアトレード認証ラベルを目印に！　今度のバレンタインデーにはフェアトレード・チョコレートを贈ってみませんか。

富の偏在が生む格差と貧困

　貧困の問題は途上国だけではありません。日本にも存在します。それに対し「所得が少ないのは，貧困になるのは，がんばりがたりないからだ」と批判する人たちもいます。

　——それ，当然じゃないかな？　努力しなかったら，あまり収入の得られない職業になるのはしょうがないと思うけど。

　でも，それは自己責任でしょうか。貧困家庭に生まれれば，大学など高等教育機関への進学をあきらめてしまう人もいます。学歴がなければ，資格の必要な職業や比較的安定した収入が得られる仕事に就くことは，最初から排除されてしまうのです。貧困の連鎖は大きな社会問題です。日本国憲法で保障されている教育の権利や勤労の権利が奪われてしまうのです。

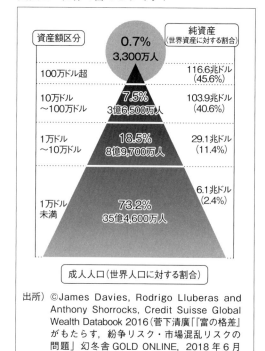

図表2　世界の富のピラミッド

出所）©James Davies, Rodrigo Lluberas and Anthony Shorrocks, Credit Suisse Global Wealth Databook 2016（菅下清廣「『富の格差』がもたらす，紛争リスク・市場混乱リスクの問題」幻冬舎 GOLD ONLINE，2018年6月19日）。

　貧困は誰もがなくしたいと思います。でもなくならない。それはなぜでしょうか。その大きな原因は富の偏在にあります。国際NGO オックスファムが2019年1月に出した報告書によると，世界の富豪上位26人が保有する資産は1兆3700億ドル（約150兆円）で，世界人口の半数にあたる貧困層約38億人の資産とほぼ同じなのです。10億ドル（約1100億円）以上の資産をもつ富豪は10年の1011人から18年に2208人と倍増しました。

　最富裕層がたった0.5％多く税金を払えば，現在教育を受けられずにいる世界の子どもたち2億6200万人に教育を授け，330万人の命を救えるだけの保健医療を提供しても，あまりある資金を確保できるという試算があります。

　日本最大の自動車メーカーが1年間にため込んだお金（内部留保）は約20兆円です。毎日1000万円ずつ使いつづけても，使いきるのに5480年かかる金額です。この会社だけでなく内部留保の総額は年々増えています。たとえばそれに税金を課して，中小企業の支援金にまわすことで賃金を上げたり，正社員を増やすようにすれば，この会社の車はもっと国内で売れるようになるでしょうし，景気も全体によくなります。低賃金の労働力，弱い労働保護規制，Tax ヘイブンで海外に出て行き，資源を浪費して枯渇させる環境破壊をしてもさらに稼ごうとする多国籍企業。グローバリゼーションの流れに抗して，国内産業を空洞化させるのではなく，地域で経済を循環させ，地域で社会貢献していく企業のあり方を市民として求めていく必要があるのではないでしょうか。

不公正をなくして，本当の「積極的平和」をつくるには

「人口が増えると食糧難になる」って本当でしょうか。世界の食料はたりていないのでしょうか。確かに十分な栄養がとれずに飢餓に苦しんでいる人々はいます。しかし，一方で世界の大人の8人に1人が肥満なのです。食料がたりていないというより食料や栄養の偏りが大きな原因なのです。世界が26人の村だったら，6人はいつも十分過ぎるほど食料があり，5人は時々空腹で8人はいつも空腹です。6人はひどく栄養失調で1人は飢えて死にかけています。

日本は中国に次ぐ農産物輸入国です。国民1人あたりの輸入額は日本は断トツで，世界中から農産物を買いしめています。気候変動などが原因で不作になっても，私たちは札束にモノを言わせて，買いつづけるのでしょうか。それは，生産国の人々から食料を奪うことにつながります。農産物の生産には水も必要ですから，水も奪うことになります。これは構造的暴力と言うべきものです。

ノルウェーのヨハン・ガルトゥング博士は，社会システムのなかで構造化されている貧困などの不平等を構造的・間接的な暴力と規定し，それを除去することで平和を実現する方向性を打ち出しました。「積極的平和」と言います。

日本では，自国の食料自給率を上げ，必要なときに食料を安定的に入手できる「食料の安全保障」に努める農業政策がとられているとは言えません。むしろ輸入商社の利益と外食産業や大手スーパーチェーンの経営が優先されています。そうしたあり方を考え直してほしいと思います。

最初に，スミス共和国とマルクス共和国，選ぶとしたらどちらがいいか考えてもらいました。どうでしょう，あなたの考えは変わりましたか？ 同じでしょうか。私たちは生まれる国を選ぶことはできません。でも，生まれた国を，私たちが生きる世界を変えていくことはできます。

日本国憲法前文は「日本国民は，恒久の平和を念願し，人間相互の関係を支配する崇高な理想を深く自覚」し「平和を愛する諸国民の公正と信義に信頼して，われらの安全と生存を保持」すること。「全世界の国民が，ひとしく恐怖と欠乏から免かれ，平和のうちに生存する権利を有することを確認」し「国際社会において，名誉ある地位を占めたい」とうたいます。その精神に立って，地球市民として平和をつくるために，何ができるか議論し，考えてみましょう。SDGsの目標達成に向かい，私たち一人ひとりができることは少なくありません。自らの足元に目を向け，日本国内のあり方や世界とのかかわりを問いつづけ，一人ひとりが小さな取り組みを積み重ねていくことが，世界を変えるのです。

参考文献 --

高橋勝也『恋ではなく愛で学ぶ政治と経済』清水書院，2019年

「児童労働とは」NGO ACE ホームページ（http://acejapan.org/childlabour 2019年10月5日最終確認）

「フェアトレードタウン」fairtrade japan ホームページ（https://www.fairtrade-jp.org/get_involved/fairtrade.php 2019年10月5日最終確認）

（山本政俊）

おわりに──未来に生きる君たちへ

　君は未来への風を感じていますか?

　気候変動(温暖化)が私たちの暮らしをおびやかしています
　これに対し,中学生だったスウェーデンのグレタ・トゥンベリさんが,たった1人で始めた気候変動の問題を問うストライキは,2019年秋,多くの若者たちの心をとらえ,全世界で数百万人が立ち上がる,金曜日のマーチ(パレード)へと広がりました。この盛り上がりのなかで,日本でも数千人の若者が気候変動を止めようと声をあげています。

　国際社会も,持続可能な社会をめざし,2030年の到達目標を決めてSDGsに取り組んでいます。ただ,「今の社会を大きく変えよう!」と迫る若者の声に恐怖を感じ,その動きを押さえようとしている大人たちもいます。しかし,未来に生きるのは,君たち若者です。

　だから私たちは,これからの社会を担う主人公になるために身につけてほしい知識や,取り組んでほしい課題を提示し,君たちといっしょに考えたいと思い,この本をつくりました。それが大人の責任だ,という気持ちもあります。

　君たちに伝えたかったこと,その大きな柱は四つです。
　①政治の主体になる。
　②法の主体になる。
　③経済社会の主体になる。
　④情報・メディアの主体になる。

　ちょっと,つめこみすぎたかもしれませんが,しっかりと,受け取ってくれたでしょうか? 大人になる,市民になるって大変だぁ,と重たく感じたかもしれませんね。でも,何も変わらず,このままで安心していられますか?

　たとえば,今の大人たちの働き方は持続可能なものでしょうか? 長時間労働で疲れた大人の顔を見て,あんなふうにはなりたくないなと思ったことはないですか? 未来の自分たちは,だいじょうぶって言えますか?

日本では，少子高齢化が大きな問題です。地域の今後を担う若者がいない限界集落など持続不可能な状況が広がっています。それは，過疎地域だけの問題ではありません。都会でも，増えつづける高齢者の医療・福祉をどうするかが大議論になっています。

　若者の非正規雇用の増加にともなう生活不安をどうすべきかも重要な課題です。

　世界に目を広げると，戦争や武力衝突，そして難民問題は，改善の方向がまだまだ見えません。地球環境問題は，今度ますます大きな争点となっていくでしょう。

　個人の生活から地域社会そして世界まで，持続可能性が求められていて，それが君たちの手に託されているのです。

　だからこそ，社会の現状を知り，それをよりよくできるシステムを仲間といっしょに考え，地域や世界の人たちとともに幸せになれる社会の実現に向けてチャレンジしてほしいと思います。そして，さまざまなシーンで社会をつくる素敵な大人＝主体に成長していってほしいと願っています。

　未来に素敵な風を吹かせるのは，君たち一人ひとりの力が響きあったとき。

　グレタさん1人だけだった声が，世界中に広がったように，今何かが動き出している――私たちは，そう感じています。そのためにこの本が役立てば，これに勝る喜びはありません。

　　2020年3月

杉浦真理

編者

杉浦真理（すぎうら　しんり）　　立命館宇治中学校・高等学校教諭
主な著作：
『主権者を育てる模擬投票』（きょういくネット，2008年）
『シティズンシップ教育のすすめ』（法律文化社，2013年）
『ここから始める「憲法学習」の授業』（共編著，ミネルヴァ書房，2019年）

菅澤康雄（すがさわ　やすお）　　千葉県立市川工業高校教諭（全国民主主義教育研究会事務局長）
主な著作：
『判決から読みとく日本』（石井俊光ほか編，共著，本の泉社，2017年）
『ここから始める「憲法学習」の授業』（長瀬拓也・杉浦真理ほか編著，共著，ミネルヴァ書房，　2019年）
『主権者を育てる』（全国民主主義教育研究会編，共著，2019年）

斎藤一久（さいとう　かずひさ）　名古屋大学大学院法学研究科准教授
主な著作：
『高校生のための選挙入門』（編著，三省堂，2016年）
『高校生のための憲法入門』（編著，三省堂，2017年）
『教職課程のための憲法入門（第2版）』（共編著，弘文堂，2019年）

執筆者

渥美利文（あつみ　としふみ）　　東京都立農芸高等学校教諭
池田考司（いけだ　こうじ）　　　北海道教育大学札幌校言語・社会教育専攻専任講師
井田佐恵子（いだ　さえこ）　　　駒場東邦中学高等学校教諭
井出教子（いで　のりこ）　　　　同志社中学校・高等学校教諭
稲葉　剛（いなば　つよし）　　　立教大学大学院21世紀社会デザイン研究科教員，一般社団法人つくろい東京ファンド代表理事
沖村民雄（おきむら　たみお）　　元桐朋高校教諭，高校生平和ゼミナール全国連絡センター
風巻　浩（かざまき　ひろし）　　東京都立大学教職課程センター特任教授
柏　秀樹（かしわ　ひでき）　　　中学校講師
金沢はるえ（かなざわ　はるえ）　埼玉大学教育学部非常勤講師
桑山俊昭（くわやま　としあき）　神奈川大学経営学部非常勤講師
小池洋平（こいけ　ようへい）　　信州大学全学教育機構助教
野嵜雄太（のざき　ゆうた）　　　相模原市立新町中学校教諭
日達　綾（ひたち　あや）　　　　神奈川県立生田東高等学校教諭
福田秀志（ふくだ　ひでし）　　　兵庫県立尼崎小田高等学校主幹教諭
藤川　瞭（ふじかわ　りょう）　　立命館宇治中学校・高等学校非常勤講師
八島朔彦（やしま　さくひこ）　　芝浦工業大学柏中学高等学校教諭
安原陽平（やすはら　ようへい）　獨協大学法学部法律学科准教授
山本政俊（やまもと　まさとし）　札幌学院大学人文学部人間科学科特任教授
吉田俊弘（よしだ　としひろ）　　大正大学総合学修支援機構教授

㈱ヤマハミュージックエンタテインメントホールディングス　出版許諾番号　20116P
泣いてもいいんだよ
作詞・作曲　中島みゆき
©2014 by Yamaha Music Entertainment Holdings, Inc., NIPPON TELEVISION
MUSIC CORPORATION, SEVEN SEAS MUSIC CO., LTD.&SDR INC. All Rights
Reserved. International Copyright Secured.

DTP　編集工房一生社
装幀　森デザイン室

未来の市民を育む 「公共」の授業

2020 年 4 月 15 日　第 1 刷発行

編　者	杉浦真理・菅澤康雄・斎藤一久
発行者	中川　進
発行所	株式会社 大月書店
	〒 113−0033　東京都文京区本郷 2−27−16
	電話（代表）03−3813−4651　FAX 03−3813−4656
	振替 00130−7−16387
	http://www.otsukishoten.co.jp/
印　刷	太平印刷社
製　本	中永製本

定価はカバーに表示してあります

ISBN978-4-272-40596-1　C0337　　Printed in Japan